GEDENKE, BEOBACHTE UND ERFREUE DICH

Eine Anleitung der Jüdischen Feste, Feiertage, Gedenktage und Ereignisse

Petra van der Zande

ISBN 978 965 7542-55-2

Übersetzt von Lisa Braun

Karten und Fotos: Außer anders angegeben, stammen alle Fotos aus dem Internet (lizenzfrei).
Grafisches Design: Petra van der Zande.

Veröffentlicht durch: TsurTsina Publications
Jerusalem, Israel.

Gedruckt von: PRINTIV, Jerusalem, Israel und
www.Lulu.com

Zusammenfassung:
Leitfaden durch das Wann, Warum und Wie der Jüdischen Feste, Feiertage, und Ereignisse in alten Zeiten und heutzutage in Israel.

Bestell Information

E-Mail schreiben an:
tsurtsinapublications@gmail.com

Oder auf **Website** einloggen:
http://www.Lulu.com

"Freut euch, ihr Heiden, mit seinem Volk!
Und wiederum:
Lobt den Herrn, alle Heiden,
und preist ihn, alle Völker!"
Römer 15:10

Abba Kovner
(1918-1987)

war ein litauisch-israelischer Schriftsteller und Partisanenführer gegen den Nationalsozialismus.

„Dies ist die Geschichte eines Volkes, das über die ganze Welt verstreut war, und doch eine einzige Familie blieb; Eine Nation, die immer wieder zur Zerstörung verurteilt war; Und doch, aus Ruinen zu neuem Leben aufstieg."

Abba Kovner

EINFÜHRUNG

Es gibt einige gute Bücher auf dem Markt über die Bedeutung und den spirituellen Wert der biblischen Feste und die Lehren, die Christen von ihnen lernen können.
Diese Publikation ist eine einfache Anleitung zu den jüdischen Festen, Feiertagen, Zelebrationen und Veranstaltungen, die ein Besucher in Israel erleben kann. Es erklärt, warum, wann und wie diese Ereignisse in alten Zeiten beobachtet wurden und wie es heute in Israel geschieht.

Nachdem wir aus allen Ecken der Welt nach Eretz Israel zurückgekehrt sind, feiern viele Gemeinden diese Ereignisse weiterhin auf ihre eigene, besondere Weise. Um die Dinge „einfach" zu halten, habe ich mich entschieden, hauptsächlich die Sitten der Ashkenazi-Gemeinde zu beschreiben. Hebräische Wörter sind in Kursivschrift geschrieben, einschließlich des Wortes *Tora*. Im Glossar finden Sie eine kurze Erläuterung der mit einem Sternchen (*) markierten Wörter.

Einige Themen dieses Buches wurden als separate Artikel in '*A Word From Jerusalem*', dem Magazin der Internationalen christlichen Botschaft Jerusalem, veröffentlicht. Ein früheres (selbstveröffentlichtes) Buch, 'Ein Christlicher Führer zum Jüdischen Fest von *Sukkot*', gibt ausführlichere Informationen über das "Was" und "Wie" des Laubhüttenfestes und die vier Arten im Besonderen.

Simcha bedeutet "Freude" oder "sich erfreuen". Das Gebot sich zu erfreuen, ein grundlegendes Element im Jüdisch religiösen Leben, kann in vielen Bibelversen gefunden werden. Das Deuteronomium 16:14-15 besagt: "*Du sollst dich an deinem Feste freuen...und du sollst nur fröhlich sein.*" Außerdem: "*Mein Herz freut sich, dass du so gerne hilfst.*" Psalm 13:5. "Dienet dem Herrn mit Freuden; kommt vor sein Angesicht mit Frohlocken!" Psalm 100:2.

Das Gebot sich zu erfreuen (*Simcha shel Mitzwa*) hat Juden im Verlauf ihrer langen Geschichte begleitet. Heutzutage genießen die Menschen in Israel jedes glückliche Ereignis im Jüdischen Lebenszyklus - von der Beschneidung, zur *Bar Mitzwa*, bis zur Ehe. Und Sie müssen kein religiöser Jude sein, um die Pilgerfeste und den *Sabbat* zu feiern.

1989 kamen mein Mann Wim (William) und ich nach Jerusalem, um freiwillige Arbeit an der Internationalen christlichen Botschaft Jerusalem zu leisten. In den 23 Jahren, die wir hier gelebt haben, feierten und genossen wir viele der Feiertage und Ereignisse, die in diesem Buch beschrieben werden. Als Nichtjüdin, die Israel und seine Leute liebt, ist es wunderbar, die biblischen Feste feiern zu können. Ich empfinde es weiterhin als ein Privileg, Teil ihrer Feste, Feiertage, Veranstaltungen und Gedenkfeiern zu sein. Besonders bei der Teilnahme an Zeremonien wie dem Vereidigen von IDF-Soldaten, erkennt man, daß das Volk von Israel wirklich eine große Familie ist - der Augapfel Gottes.

Ich hoffe, daß dieses Buch Ihnen helfen wird, die biblischen Feste, jüdischen Feiertage und Ereignisse mehr schätzen zu lernen. Mehr über die Kultur des jüdischen Volkes zu lernen wird (hoffentlich) zu einer tieferen Liebe des Wortes Gottes führen.

Petra van der Zande, Jerusalem, Israel 2017

Inhaltsangabe

Inhaltsangabe

Inhaltsangabe

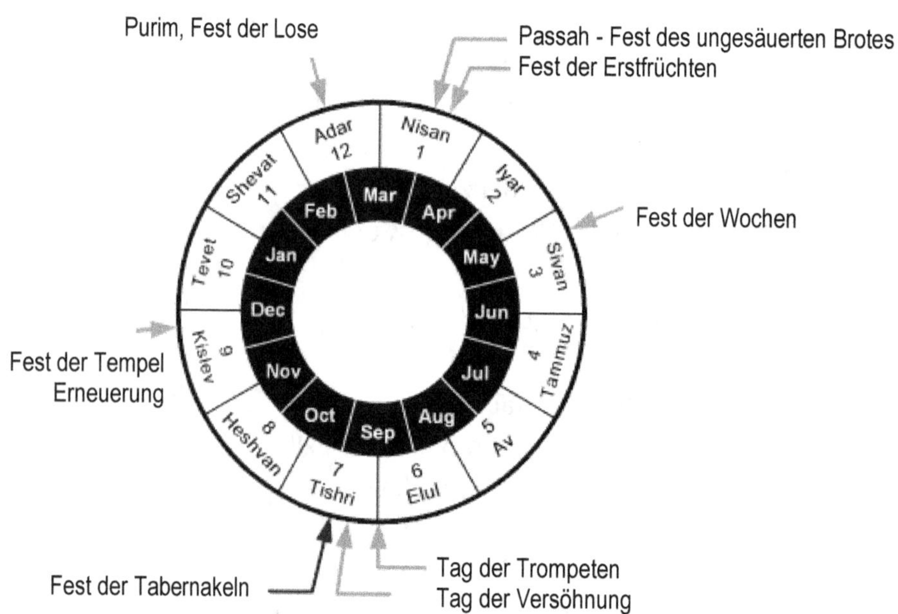

Religiös jüdisches Jahr: beginnt am 1. des 1. Monats (*Nisan*) - *Pessach*
Ziviljüdisches Jahr: beginnt am 1. des 7. Monats mit dem Jüdischen Neujahr (*Tishri*) - *Rosch Hashana*

Aschkenasim und Sepharden – Was ist der Unterschied?

Der Unterschied zwischen Aschkenasim und Sepharden liegt vor allem in ihren Gebetsriten. Sephardische Gebetsgewohnheiten führen zurück auf das babylonische Judentum, während die Aschkenasim ihre liturgische Tradition von den Juden von Eretz Israel übernommen haben.

Die Gebetsbücher sind anders geordnet, und es gibt verschiedene Kantillationsmelodien zum Lesen des Pentateuch.

Jede Gemeinde hat auch einzigartige Hochzeits-, Beschneidungs-, Beerdigungs- und Festivitätsbräuche und Traditionen. Während des Pessach essen die Sepharden Reis, welcher den Aschkenasim verboten ist. In Israel haben beide Gemeinden seit Jahrhunderten nebeneinander gelebt. Während der britischen Mandatsperiode wurde das Oberrabbinat mit jeweils einem Sephardischen und Aschkenasim-Oberrabbiner gegründet. Das ist heute noch so.

Links: Oberrabbiner Yona Metzger (Aschkenasim)
Rechts: Opperrabbiner Shlomo Amar (Sepharden)

Gregorianischer Kalender - Sonnenjahr
etwa 365¼ Tage
alle 4 Jahre ein Schalttag (29. Februar)

KAPITEL 1

DER JÜDISCHE KALENDER

Israel hat zwei Kalender - den westlichen (Gregorianischen) Kalender und den jüdisch religiösen (Mond) Kalender.
Weil jüdische Feiertage dem Mondkalender folgen, variieren die westlichen Daten jedes Jahr. Ein jüdischer Tag beginnt bei Sonnenuntergang, weshalb Feiern am Abend und nicht am Morgen beginnen .

Obwohl es das Sonnenjahr gibt, folgt der jüdische Kalender den Mondmonaten, jeweils mit 29 oder 30 Tagen. Einige Gelehrte glauben, dass Mondmonate von alten nomadischen Kalendern und abstammen und Sonnenjahre eine Erfindung der Agrargesellschaften sind; Der jüdische Kalender kombiniert die beiden.

Alle biblischen Feste (*Pessach, Schavuot und Sukkot*) beginnen mit Vollmond, mitten im Monat. Da 12 Mondmonate sich nicht zu einem kompletten Sonnenjahr addieren, werden zusätzliche "Schaltmonate" in sieben Jahre eines 19-jährigen Zyklus in den Kalender eingeteilt.

Der 30-Tage-Monat heißt *Maleh* (voll) und der 29-Tage-Monat heißt *Chaser* (unvollkommen).

Jüdischer Kalender - Mondjahr
354 Tage (= 11¼ Tage weniger)
alle 2 oder 3 Jahre ein Schaltmonat
(2. *Adar*)

KAPITEL 2

"Gedenke an den Sabbattag und heilige ihn! Sechs Tage sollst du arbeiten und alle deine Werke tun; aber am siebten Tag ist der Sabbat des Herrn, deines Gottes; da sollst du kein Werk tun; weder du, noch dein Sohn, noch deine Tochter, noch dein Knecht, noch deine Magd, noch dein Vieh, noch dein Fremdling, der innerhalb deiner Tore lebt. Denn in sechs Tagen hat der Herr Himmel und Erde gemacht und das Meer und alles, was darin ist, und er ruhte am siebten Tag; darum hat der Herr den Sabbattag gesegnet und geheiligt."
Exodus 20: 8-11

SABBAT

Sabbat (Jiddisch: *Shabbes*) ist der siebte Tag der jüdischen Woche - ein Tag der Ruhe. Nach sechs Tagen der Schöpfung heiligte Gott den *Sabbat*.

Das Wort kommt aus dem hebräischen *Shavat* (Ruhe oder Beenden der Arbeit). Es ist ein heiliger Tag (Genesis 2: 1-3) und wurde das erste Mal nach dem Exodus aus Ägypten befohlen (Exodus 16:26); Es ist das vierte der zehn Gebote (Exodus 20: 8-11).

In der Antike wurde die Entweihung des *Sabbat* durch Steinigung bestraft. Nur im Falle von *pikuach nefesh* - wenn ein menschliches Leben in Gefahr ist, kann (und muss sogar) der *Sabbat* verletzt werden. Jemand, der den *Sabbat*-Gesetzen anhängt, heißt *Shomer-Sabbat*.

Der *Sabbat* hat drei Zwecke:

- Zum Erinnern - *Yizkor* - die Erlösung aus der ägyptischen Sklaverei
- Zum Gedenken - *Shamor* - Gottes Schöpfung des Universums
- Es ist ein Vorgeschmack auf messianische Zeiten

Ein typischer *Sabbat* beginnt am Freitag Nachmittag zwischen 2 und 3 Uhr, wenn praktizierende Juden ihre Arbeit verlassen oder ihren Läden schließen und nach Hause gehen. Alles ist vorbereitet, als ob eine Königin oder ein besonderer, geliebter Gast erwartet wird. Das Haus wird gereinigt, Familienmitglieder duschen und legen festliche Kleider an. Der Tisch ist mit schönem Geschirr gedeckt, und ein festliches Essen ist gekocht.

Spätestens 18 Minuten vor Sonnenuntergang spricht die Frau des Hauses einen Segen über zwei *Sabbat*-Kerzen:
"Gesegnet bist du, Herr, unser Gott, Herrscher des Universums, der uns mit seinen Geboten geheiligt hat und uns befohlen hat, die Lichter des Sabbats zu beleuchten. Amen."
Die beiden Kerzen repräsentieren das Gebot zum *Zechor* (gedenken) und *Shemor* (halten) des heiligen *Sabbat*.

Die Männer gehen in die nahe gelegene Synagoge, wo sie einen kurzen Gottesdienst (45 Minuten) besuchen.
Sabbat-Gottesdienste beginnen am Freitagabend mit dem Wochentag *Mincha* *, gefolgt von *Kabbalat-Sabbat* (lit. den *Sabbat* erhalten) und dem Singen von *Yedid Nefesh*.

Kabbalat-Sabbat-Gebete bestehen aus sechs Psalmen: 95-99 und 29, die die sechs Wochentage repräsentieren.

Lecha Dodi, ein liturgisches Lied, ist Teil des *Kabbalat-Sabbat*-Gottesdienstes am Freitagnachmittag. *Lekhah Dodi* bedeutet "komm meine Geliebte" und ist eine Bitte von einem geheimnisvollen "Geliebten", der entweder Gott oder jemandes Freund(e) bedeuten könnte, sich zusammenzuschließen, um den *Sabbat* zu begrüßen. *Likrat kallah* ("um die [*Sabbat*] Braut zu begrüßen").

L'kha Dodi

L'kha Dodi, l'kha Dodi likrat Kalah,
Pnej Shabath n'kab'lah,
l'kha Dodi likrat Kalah,
Pnej Shabath n'kab'lah.
Mik'dash Melekh, Ir M'lukhah,
kumi, z'i mitokh haHafekhah,
raw lakh Sheweth b'Emek haBakha,
w'hu jachamol alajikh Chem'lah.

Auf, mein Freund, der Braut entgegen,
Das Angesicht des Sabbat wollen wir
empfangen!
Auf, mein Freund, der Braut entgegen,
Die Königin Sabbat wollen wir
empfangen!
Du dehnst dich aus nach allen Seiten
Wirst deines Gottes Ruhm verbreiten
Durch ihn, der ab von Perez stammt.
Froh jubeln wir und jauchzen insgesamt.
Auf, mein Freund, der Braut entgegen,
Das Angesicht des Sabbat wollen wir
empfangen!
Auf, mein Freund, der Braut entgegen,
Die Königin Sabbat wollen wir
empfangen!
Kehre ein in Frieden, Krone des Mannes,
ja in Freude und Jubelsang,
bei des auserwählten Volkes Treuen,
kehre ein, Braut! Kehre ein, Braut!

Während des Gesangs des letzten Verses erhebt sich die ganze Gemeinde und wendet sich der offenen Tür zu, um "Königin-*Sabbat*" zu begrüßen, als sie ankommt. Der Gottesdienst wird durch Aufsagen von Psalm 92 und 93 abgeschlossen.

Es wurde im 16. Jahrhundert von Rabbiner Shlomo Halevi Alkabetz, einem Safed Kabbalisten komponiert. Wie es damals üblich war, ist das Lied auch ein Akrostichon - die ersten Buchstaben buchstabieren den Namen des Autors. Ein Großteil der Phraseologie kommt aus Jesajas Prophezeiung von Israels Wiederherstellung und bildet Israel ab als die Braut auf dem großen *Sabbat*, wenn der Messias erscheint.

Bevor die Mahlzeit beginnt, segnen die Eltern ihre Kinder. Der Vater oder die Mutter legt seine Hände leicht auf den Kopf des Kindes und segnet den Jungen, indem er sagt:
"Möge Gott dich wie Ephraim und Menashe machen."
Ein Mädchen ist gesegnet mit:
"Möge Gott dich wie Sarah, Rebecca, Rachel und Leah machen."
Gemeinsam sind die Kinder gesegnet:
"Möge Gott dich segnen und über dich wachen. Möge Gott sein Angesicht zu dir leuchten und dir Gunst zeigen. Möge Gott euch gnädig sein, und möge Er euch Frieden geben."

Die Mutter ist mit Sprichwort 31 gesegnet.
Der Gastgeber nimmt dann eine Tasse Wein und rezitiert *Kiddusch* - ein Gebet über Wein und heiligt den *Sabbat*:
"Gesegnet bist du, Herr, unser Gott, Herrscher des Universums, der die Frucht des Weinstocks schafft. Amen."

Challot (der hebräische Plural von *Challah*) sind die geflochtenen Brote, die traditionell auf dem *Sabbat* gegessen werden. Normalerweise gibt es zwei *Challot*, denn am Freitag gab Gott den wandernden Israeliten einen doppelten Teil des Manna, so dass sie am *Sabbat* ruhen konnten. Oft ist der *Challot* geflochten, symbolisch für die 12 Schaubrote im Tempel (einer für jeden Stamm) und der Einheit Israels.

Der Esstisch symbolisiert den Altar im Tempel. Die Gaben wurden gesalzen, bevor sie gegessen wurden, deshalb ist das Brot mit Salz bestreut. Der Segen über dem Brot:
"Gesegnet bist du, HERR, unser Gott, König des Universums, der Brot aus der Erde hervorbringt."
Jede Person am Tisch erhält ein Stück Brot, und alle essen es zusammen.

Teil des *Oneg* (Genuss) *Sabbat* sind die drei festlichen Mahlzeiten (*shalosh se'udot*). Die erste wird am Freitagabend gegessen, die zweite ist ein *Sabbat* Mittagessen, und die dritte eine leichte Mahlzeit, in der Regel Milch, am *Sabbat* Nachmittag.

Nach dem festlichen Freitagabendessen wird der *birkat ha-mazon* (Tischgebet nach dem Essen) rezitiert. In praktizierenden Haushalten studieren und reden Männer über die Tora, bevor sie zu Bett gehen.

SABBAT SPRICHWORTEN

- Mehr als die Juden den *Sabbat* bewahrten, bewahrte der *Sabbat* die Juden.
- Der *Sabbat* ist das Fest der ganzen Erde, es ist der Geburtstag der Welt.
- Wenn du den *Sabbat* beobachtest, ist es so, als hättest du alle Gebote bewahrt.
- Für die Dauer des *Sabbat*s gibt Gott dem Menschen eine zusätzliche Seele.
- Der *Sabbat* ist ein Spiegel des Himmels auf Erden.

Sabbat Morgengottesdienste sind in der Regel von 9 Uhr bis Mittags gehalten.
Während des Frühgottesdienstes wird die *Tora*-Schriftrolle aus dem *Katen** herausgenommen, und der wöchentliche Teil wird gelesen, gefolgt von der *Haftarah* *. Einige Gemeinden rezitieren Gebete für die Regierung des Landes, für den Frieden und für den Staat Israel.
Vor der Rückkehr der Tora-Schriftrolle zum Kasten wird sie durch die Synagoge geführt. Menschen berühren oder küssen die Schriftrolle, während sie herumgeht. In vielen orthodoxen Gemeinden gibt der Rabbiner (oder ein gelehrtes Mitglied der Kongregation) eine Predigt, meist zum Thema der *Tora*-Lesung.

In orthodoxen Familien ist die zweite Mahlzeit oft ein langsam gekochter Eintopf - *cholent*. Sephardische Juden nennen es *chamim*. Darauf folgt noch mehr Tora-Studie. Am Nachmittag sind viele Familien, die in ihrem *Sabbat*-Putz gekleidet sind, einen Spaziergang, lesen oder ein Nickerchen machen.

Sabbat endet bei Einbruch der Dunkelheit, wenn drei Sterne sichtbar sind - etwa 40 Minuten nach Sonnenuntergang.

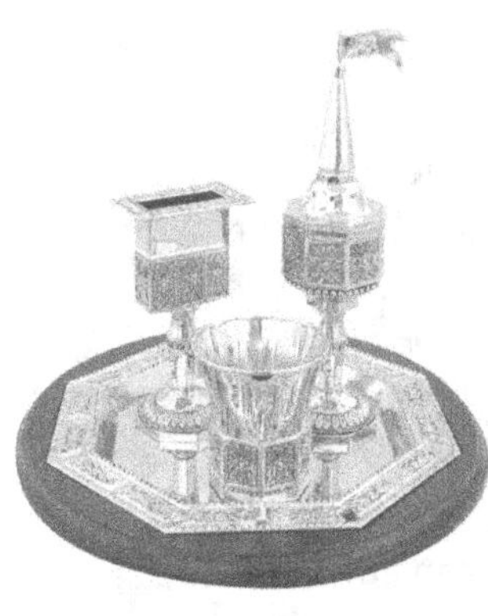

Jetzt ist die Zeit für die *Havdalah* * (Trennung, Teilung) Zeremonie, die in die neue Woche leitet. Eine spezielle geflochtene *Havdalah*-Kerze (mit mehreren Dochten) wird angezündet und ein Gebet rezitiert.

Die Gäste am Tisch starren ihre Fingernägel an, die das Licht der Kerze reflektieren sollen. Gewürze, die oft in einem dekorativen Behälter aufbewahrt werden, werden herumgerührt, um den Duft zu riechen.

Havdalah verlangt die Verwendung aller fünf Sinne - schmeckt den Wein, riecht die Gewürze, seht die Flamme der Kerze und spürt ihre Hitze und hört die Segnungen über die Symbole.

Es markiert die Trennung zwischen dem heiligen *Sabbat* und der weltlichen neuen Woche, die jetzt begonnen hat.

Jeder wünscht sich gegenseitig, *"Shavua tov!"* - "eine gute Woche!"

Das schöne Gedicht *Yedid Nefesh* wird allgemein dem Kabbalisten, Rabbi Elazar ben Moshe Azikri (1533-1600) aus dem sechzehnten Jahrhundert zugeschrieben. Manche singen es zwischen dem Freitagnachmittagsgebet und dem Anfang des *Kabbalat-Sabbats*. Viele jüdische Familien singen dieses Lied auch während der dritten (und letzten) *Sabbat*-Mahlzeit vor Einbruch der Dunkelheit und dem Beginn eines neuen Tages und Woche, Sonntag.

JEDID NEFESCH

Geliebter meiner Seele,
barmherziger Vater,
ziehe deinen Diener zu Deinem Willen,
dass er zu dir hinlaufe wie die Gazelle,
niederfallend angesichts deiner Pracht,
Deine Freundschaft sei ihm angenehmer
als Honig und alle Köstlichkeiten.

Prächtig und schön ist der Glanz der Welt,
meine Seele aber sehnt sich nach deiner Liebe.
Bitte, Gott, schaffe ihr Heilung,
im Gewahrnehmung der Schönheit deines Glanzes.
Dann werde ich gestärkt sein
und geheilt werden
und ewige Freude wird meiner Seele sein.

Erhabener, es ströme Deine Barmherzigkeit
und erbarme Dich über Dein geliebtes Kind.
Wie sehr habe ich mich danach gesehnt,
die Herrlichkeit deiner Macht zu schauen!
Dies ist es das Sehnen meines Herzens:
Erbarme Dich und verbirg Dich nicht.

Offenbare dich und breite, mein Geliebter,
das Zelt Deines Friedens über mir aus.
Erleuchte die Erde in Deiner Ehre,
dann werden wir jubeln und uns an Dir freuen.
Eile zu Lieben, denn die Zeit ist gekommen,
erbarme dich über uns wie in den Tagen der Vorzeit.

DER SABBATWEG

"Der Sabbatweg" ist kein Ausdruck der Juden, sondern christlichen Ursprungs. In der Antike begründeten die Rabbiner die Regeln, wie weit man von den Stadtgrenzen reisen durfte auf Josua 3: 3-4. *"Wenn ihr die Bundeslade des Herrn, eures Gottes, sehen werdet und die Priester, die Leviten, die sie tragen, so brecht auf von eurem Ort und folgt ihr nach! Doch soll zwischen euch und ihr etwa 2000 Ellen Abstand sein."* Die Rabbiner schlossen, dass "Ort" die Stadt bedeutete, und deshalb war es akzeptabel, 2.000 Ellen außerhalb seiner Stadtgrenzen am Sabbat zu reisen. Die Pharisäer hatten eine andere Interpretation und erlaubten eine Reise von 4.000 Ellen (ungefähr 6.000 Fuß) - ein wenig mehr als eine Meile. In neutestamentlichen Zeiten stellten sie fest, dass, wenn eine Person 4.000 Ellen am Sabbat reisen würde, er auch zurückkehren müsste und so erlaubten sie 8000 Ellen als Standard.

Mitzwa * # 321 setzt den maximalen Laufbereich von der Stadt auf 2.000 Ellen (3.049,5 Fuß, 0,596 Meilen (960 Meter)). [Diese Messung beginnt jedoch 70 2/3 Ellen (112,24 ft.) Von den Stadtgrenzen.] Praktisch bedeutet dies, dass man keine gerade Linie länger als .598 Meilen (3161.74 ft.) In jede Richtung in der Wildnis außerhalb der Stadtgrenzen gehen kann.

DER *SCHABBESGOI*

Ein *Schabbesgoi* (Jiddisch) oder auf Hebräisch, *goy shel Sabbat* ist ein Nicht-Jude, der bestimmte Arten von Arbeit für einen Juden am Sabbat durchführt, die nach dem jüdischen Gesetz (*Halacha* *) verboten sind. "Goi" im biblischen Hebräisch bedeutet wörtlich "eine Nation", aber wird hauptsächlich verwendet, um einen "Nichtjuden" zu bezeichnen. Weil ein Jude das Recht eines Nichtjudens, sich am *Sabbat* auszuruhen, respektieren muss, fragen sie nicht ausdrücklich darum, eine Dienstleistung durchzuführen, die dem jüdischen Volk verboten ist. Jedoch, da von einem Nichtjuden nicht erwartet wird, den Sabbat wie ein Jude zu praktizieren, können sie Aufgaben aus eigenem freien Willen ausführen. Es kommt oft vor, dass ein Jude einem Nichtjuden deutet, dass er einen bestimmten Dienst ausführen soll, ohne ihn ausdrücklich zu fragen. Solche Fälle gelten in den meisten jüdischen Gemeinden als legitim.

Vor dem 20. Jahrhundert löschten *Sabbatgois* meistens die beleuchteten Kerzen oder Lampen am Freitagabend und machten ein Feuer im Ofen oder Herd am *Sabbat*morgen bei kaltem Wetter. Eine *Sabbat Gojah* war in der Regel eine arme Frau, die mit einem Stück *Challah* oder 10 Cents bezahlt wurde.

Noch heute gilt es in vielen jüdischen Gemeinden als legitim, einen nichtjüdischen Arbeiter einzustellen, um bestimmte Dienste auf dem Sabbat durchzuführen, vorausgesetzt, dass der Nichtjude im Voraus bezahlt wird, so dass die Zahlung wie eine Art Geschenk wirkt, statt eines Gehalts.

Ein *Sabbat* (oder *Shabbes*) *goi* ist nicht nötig, wenn das Leben auf dem Spiel steht (*pikuach nefesh*). Religiöse jüdische Ärzte arbeiten auch am *Sabbat,* überlassen aber oft den Papierkram den *Shabbes Goi.*

Einige ultra-orthodoxe Haushalte, Synagogen und Nachbarschaften haben ihre "eigenen"
Schabbos goi.

Abu Ali, ein moderner *Sabbatgoi* in Jerusalem

Von Sonnenuntergang Freitag bis Sonnenuntergang Samstag, dient Abu Ali
(sein Spitzname) Jerusalems ultra-
orthodoxen jüdischen Gemeinde als
Shabbos goi.
Der 55-jährige Muslim schaltet die
Klimaanlage an wenn es heiß ist, und
wenn jemand versehentlich seine Lichter angelassen hat, macht er sie aus.
Wenn eine Sicherung durchbrennt,
kommt er in das Haus, um sie zu ersetzen. Jeden Sabbat muss er eine oder
mehrere Frauen zum Gebären ins
Krankenhaus fahren.

Abu Alis muslimische Freunde und Nachbarn wissen nicht, welche Art von Arbeit er auf dem
Sabbat macht. Er ist ein atypischer Muslim, der orthodoxe Juden in einer Stadt bedient, in der
die beiden Gemeinden häufiger aneinander geraten als sich zu verbünden. Am Sabbat fühlt er
sich wie ein König in der ultra-orthodoxen Gemeinschaft. Jeder kennt ihn. Und braucht ihn.
Nach dem Ruhetag kehrt er jedoch zum "unbekannten" Muslim zurück. So kommt er gut klar.
In den frühen Tagen seiner "Karriere" als *Sabbatgoi* half Abu Ali in der
Notaufnahme eines nahe gelegenen Krankenhauses. Als es geschlossen wurde, zog er die Straße
hinunter in die nahe gelegene ultra-orthodoxe Nachbarschaft. Wenn seine Pflichten als *Sabbatgoi* beginnen, macht er sich in seinem "eigenen" Plastikschuppen mit Plastikstuhl und einem
kleinen, mit Soda gefüllten Kühlschrank bequem. Auf die Schuppentür geklebt, in großen
schwarzen hebräischen Buchstaben auf fluoreszierend-gelbem Papier heißt es: *Sabbatgoi.*

Orthodoxe Juden dürfen nicht um Hilfe bitten, also nutzt die Gemeinschaft ihren speziellen
Code mit Abu Ali. Wenn sie kommen und ihm sagen, "Es ist heiß heute, Abu Ali," weiß er, dass
sie wollen, dass er die Klimaanlage anschaltet.
"Es ist dunkel" bedeutet, dass er ein Licht anmachen oder eine Sicherung ersetzen muss.

Abu Ali arbeitet nicht kostenlos - er kostet etwa 9 Euro pro Besuch und eine schwangere Frau
ins Krankenhaus zu eilen kostet etwa 28 Euro. Weil ultra-orthodoxe Familien ihre *Shabbesgoi*
nicht für seine Dienste bezahlen sollen, legen die Leute das Geld in eine Schachtel außerhalb der
Nachbarschafts-Synagoge. Nach dem *Sabbat* natürlich.

Angepasst von einem Artikel in der Seattle Times Company, 2008, von Dion Nissenbaum

DIE SYNAGOGE

"...daß ihr den Herrn, euren Gott, liebt und ihm mit eurem ganzen Herzen und mit eurer ganzen Seele dient." Deuteronomium 11:13

"Welcher Dienst wird mit dem Herzen ausgeführt?", Fragt der Talmud. "Das ist Gebet." Gebete werden daher als *Avodah sheba-Lev* bezeichnet (Dienst, der im Herzen ist).

SPRICHWÖRTER ÜBER DAS GEBET

◊ Wenn du betest, senkt eure Augen nieder und hebet eure Herzen.

◊ Lasset diejenigen, die von Hebräisch unwissend sind, die Gebete in ihren eigenen täglichen Sprachen lernen, da das Gebet verstanden werden muss.

◊ Wenn das Herz nicht weiß, was die Lippen aussprechen, ist es kein Gebet.

◊ Das Gebet eines armen Mannes durchbricht jede Barriere und stürmt seinen Weg in die Gegenwart des Allmächtigen.

◊ Die Tore des Gebets sind niemals geschlossen.

◊ Das Gebet ist das Gespräch mit Gott.

Tefilláh (Plural *tefillos* oder *tefillot*); Jiddisch: *Davnen* * (beten) sind Rezitationen, die man im Siddur finden kann, dem traditionellen jüdischen Gebetsbuch.

Verschiedene Gebete werden beim Erheben aufgesagt wenn der *tallit katan* * (ein Kleidungsstück mit *tzitzit* *) angezogen wird. Segnungen begleiten das Anziehen des *Tallit* * (großer Gebetsschal) vor oder während des Gebetsdienstes in der Synagoge und der *Tefillin* * (Phylacterien).

Lesungen von der Tora * (fünf Bücher von Moses) und der *Nevi'im* * (Propheten) sind Teil der Gebetsdienste.

Das gemeinsame Gebet mit einem *Minjan* ist bevorzugt, da es die Einbeziehung von Gebeten erlaubt, die sonst beim einzelnen Beten weggelassen werden müssen.

Tägliche Gebetsgottesdienste

◊ **Shacharit** oder *Shaharit* (aus dem hebräischen *Shachar* oder *Shahar* - Morgenlicht)

◊ **Mincha** oder *Minha* (nachmittags Gebete für das Mehlopfer, das Opfer am Tempel in Jerusalem begleitete). Zeit: Von einer halben Stunde (*halachic*) Mittag bis 2,5 Stunden vor Einbruch der Dunkelheit). Es wird erwartet, die Gebete vor Sonnenuntergang zu vollenden.

◊ **Ma'ariv** / *Arvit* (Abendgebet) Zeit: Einbruch der Dunkelheit. An einem Arbeitstag werden die Nachmittags- und Abendgebete von hinten rezitiert, damit Menschen nicht zweimal zur Synagoge kommen müssen.

Zusätzliche Gebete

◊ **Musaf** (zusätzlich) von orthodoxen und konservativen Gemeinden am *Sabbat*, großen jüdischen Feiertagen (einschließlich *Chol HaMoed* * und *RoschChodesh* *)

◊ **Ne'ilah** (schließend) ist ein fünfter Gebetsdienst, der nur an *Jom Kippur*, dem Tag der Sühne, rezitiert wird.

Die meisten Synagogen haben einen *Hechal* *, einen großen Saal für das Gebet (das Hauptheiligtum). Es gibt in der Regel auch kleinere Räume für das Studium, manchmal eine gesellschaftliche Halle für Anlässe und Büros für Buchhaltung. Einige Synagogen haben einen separaten Raum für einen *Bayit Midrash* * (Haus des Tora Studiums).

Kommunale jüdische Anbetung kann überall dort durchgeführt werden, wo sich ein *Minjan* (zehn jüdische Männer) zusammensetzt. Die Anbetung kann auch alleine oder mit weniger als zehn Personen zusammengestellt werden.

Orthodoxe Synagogen beinhalten eine *Mechitzah* * (Partition), die die Männer- und Frauen-Sitzbereiche teilt, oder eine separate Frauen-Sektion auf einem Balkon.

In den letzten zweitausend Jahren sind Variationen unter den traditionellen liturgischen Bräuchen verschiedener jüdischer Gemeinschaften, wie Ashkenazi, Sephardic, Jemenit, Chassidic und anderen, entstanden. Der Großteil der jüdischen Liturgie wird mit traditionellen Melodien oder Trope gesungen oder psalmodiert.

Ein Profi oder Laien *Chazzan* * (Cantor) führt oft die Gemeinde im Gebet, vor allem am *Sabbat* oder im Urlaub.

Laut dem Talmud ist das biblische Gebot zu beten, bedeutet, die täglichen Opfer am Tempel in Jerusalem zu gedenken. Der Patriarch Abraham führte das Morgengebet, Isaak das Nachmittagsgebet und Jakob das Abendgebet ein.

Aus der Bibel wissen wir, dass König David und Prophet Daniel dreimal am Tag gebetet haben.

"Abends, morgens und mittags will ich beten und ringen, so wird er meine Stimme hören." Psalm 55:18

"[...] wo er in seinem Obergemach offene Fenster nach Jerusalem hin hatte, und er fiel dreimal am Tag auf die Knie nieder und betete und dankte vor seinem Gott, ganz wie er es zuvor immer getan hatte." Daniel 6:11

Halacha * (jüdisches Gesetz) verlangt von jüdischen Männern, dreimal täglich zu beten; Viermal am *Sabbat* und den meisten jüdischen Feiertagen; Fünfmal an *Jom Kippur*. Orthodoxe jüdische Frauen müssen mindestens einmal täglich beten, ohne spezifische Zeitanforderung. Wegen des endlosen Zyklus der Schwangerschaft, der Geburt und der Pflege (oft von einem frühen Alter an) sind Frauen von fast allen zeitabhängigen positiven *Mitzvot* * (Geboten) befreit.

Obwohl alle einzelnen Gebete und die Mehrheit der gemeinschaftlichen Gebete in jeder Sprache gesagt werden können, die die Person versteht, verwenden die meisten ashkenazisch-orthodoxen Synagogen hebräische Gebete. Sephardische Gemeinschaften können Ladino oder Portugiesisch für viele Gebete benutzen, während Konservative und Liberal-Synagogen dazu neigen, die lokale Sprache zu benutzen.

Das Judentum zählte ursprünglich nur Männer zum formalen Gebet im *Minjan*. Heute zählen die konservativen Gemeinden auch Frauen zum *Minjan* und haben sogar weibliche Rabbiner und Kantore.

In den meisten Synagogen gilt es als ein Zeichen von Respekt für jüdische (und nichtjüdische) männliche Teilnehmer, eine Kopfbedeckung zu tragen, entweder einen Kleiderhut oder einen *Kippah* * (Schädelmütze oder Yarmulke). Verheiratete Frauen bedecken ihre Haare mit einer Perücke, einem Schal, einem Hut oder einer Kombination davon.

Ein *Tallit* (Gebetsschal) wird traditionell während aller Morgendienste getragen, während *Alija* * zur Tora, sowie der *Kol Nidre* * Gottesdienst von *Jom Kippur*. Während des Nachmittags und Abends trägt nur der *Chazzan* ein *Tallit*.

Tefillin (Phylacterien) werden von orthodoxen Männern nur während der Wochentags-Morgengebete getragen. Konservative Synagogen erlauben Frauen, Tefillin anzuziehen.

Einige Synagogen Gebete

- *Birkot ha-shachar* (Morgensegen)
- *Pesukei D'Zimrah* (Verse des Lobes: Psalmen 100 und 145-150)
- *Barechu* (formaler öffentlicher Aufruf zum Gebet, inkl. Rezitation des *Schma*)
- *Amidah* oder *Shemoneh Esreh* (eine Reihe von 19 Segnungen)
- *Tachanun* (Flehen)
- *Shema Yisrael* (Höre Israel aus Deuteronomium 6: 4)
- Priesterliche Segen (Nummern 6: 24-26)
- *Aleinu*
- *Kaddisch* (Gebet des trauernden)
- *Uva letzion* (und ein Erlöser wird nach Zion kommen).
- Schlussgebet, vor dem man die Synagoge nicht verlassen sollte.

Shemoneh Esreh (achtzehn / jetzt neunzehn Segen), auch die *Amidah* (Stehendes Gebet) genannt, wird traditionell der Großen Versammlung in der Zeit von Esra zugeschrieben. Die achtzehn Gebete des Wochentags *Amidah* wurden am Ende der zweiten Tempelzeit standardisiert. Während des Mittelalters wurden die Texte der Gebete in der Form festgelegt, in der sie heute noch benutzt werden.

AVINU MALKENU
("Unser Vater, unser König")

Das sind die ersten Worte und Refrain der ältesten jüdischen Litanei. Ashkenazim rezitiert dieses Gebet nach dem Morgen- und Nachmittagsgottesdienst (*Amidah*), bei bußfertigen und Fastentagen, besonders an *Jom Kippur*, aber niemals an *Tisha beAv*.

"Unser Vater unser König
unser König, beschrifte uns
im Buch des Lebens, im Buch des Lebens
unser König, beschrifte uns
im Buch der Erlösung und der Rettung, im Buch
der Erlösung und Rettung."

Haftarah *
Dies ist ein Text, der aus den Büchern von *Nevi'im** ausgewählt wurde, der in der Synagoge nach dem Lesen der Tora auf jedem *Sabbat* sowie auf jüdischen Festivals und Fastentagen öffentlich gelesen wird.

Ketuvim *
Poetische Bücher: Psalmen, Sprüche, Ijob
Fünf Megillot (Schriftrollen): Hoheslied, Ruth, Prediger, Klagelieder, Esther
Andere: Daniel, Esra - Nehemiah, Chronik

Nevi'im
Nevi'im (Propheten) ist der zweite der drei Hauptabschnitte in der hebräischen Bibel, der *Tanach*. Es fällt zwischen die *Tora (*Lehre) und *Ketuvim* (Schriften). Propheten wird traditionell in zwei Teile geteilt: Die vorderen Propheten und die hinteren Propheten, die die Erzählbücher von Josua durch Könige enthalten. Die hinteren Propheten (*Nevi'im Aharonim*) enthält meist Prophezeiungen in Form von biblischer Poesie.

Nevi'im Rishonim: Josua, Richter, Samuel, Könige, Jesaja, Jeremia, Hesekiel
Nevi'im Aharonim: Hosea, Joel, Amos, Jonas, Obadiah, Micha, Nahum, Habakkuk, Zephaniah, Haggai, Sacharja, Malachi

Dies ist die Übersetzung einer bekannten liturgischen Hymne die während Synagogen Gottesdiensten gesungen wird.

*Herr der Welt welcher regierte
bevor alles geschaffen war.
Als durch seinen Willen alles entstand,
dann König sein Name wurde genannt
und nachdem aufhören wird das All,
wird er allein regieren
Und Er war und Er ist,
und Er wird sein in Herrlichkeit.
Und Er ist einzig und kein Zweiter
ist ihm zu vergleichen zuzugesellen.*

ADON OLAM (Herr der Welt)

*ohne Anfang, ohne Ende
und ihm ist die Macht und die Herrschaft.
Und Er ist mein Gott und es lebt mein Erlöser
und der Fels meines Anteils zur Zeit der Not
Und Er ist mir Schutz, und Zuflucht der gibt den
Becher, an dem Tag ich rufe.
In seine Hand empfehle ich meinen Geist
dann wenn ich schlafe und erwache
und mit meinem Geist, meinen Körper,
der Ewige ist für mich und nicht ich fürchte
mich.*

TALLIT - Gebetsschal

"Du sollst dir Quasten machen an die vier Zipfel deines Überwurfs, mit dem du dich bedeckst." Deuteronomium 22:12

Ein *tallit* ist ein jüdischer Gebetsschal, der während der Morgengebete über der äußeren Kleidung getragen wird. An den vier Ecken befestigt sind *tzitzit* *, spezielle gewundene und geknotete Fransen.

Tallit ist ein aramäisches Wort aus der Wurzel "*tll*", das Bedeckung, Umhang oder Blatt bedeutet. Ab talmudischen Zeiten, wurde das Wort auf den Gebetsschal bezogen.

Ein traditionelles *Tallit* ist aus Wolle, kann aber aus jedem Material hergestellt werden, mit Ausnahme einer Mischung aus Wolle und Leinen. Oft wird es einem Sohn für seine *Bar Mizwa* oder einem Bräutigam als Teil der Mitgift gegeben.

Der Gebrauch des *Tallits* geht zurück auf ca. 1800 v. Chr., Aber das Design war anders als das heute bekannte.

"Rede zu den Kindern Israels und sage ihnen, daß sie sich eine Quaste an die Zipfel ihrer Obergewänder machen, in ihren [künftigen] Geschlechtern, und eine Schnur von blauem Purpur an der Quaste des Zipfels befestigen."
4. Mose 15:38

Techelet ist Farbfarbstoff, den die Juden für die *Tzitzit* gebraucht haben.
Im Laufe der Zeit war die Quelle des Farbstoffs verloren und seitdem haben die Juden einfaches weißes *Tzitzyot* ohne Farbstoffe getragen. Die Wiederentdeckung der Schnecke, die das Techelet produziert, wird als Zeichen des baldigen Messias gesehen!

Der Zweck, *Tzitzit* zu tragen, ist, Juden an ihre religiösen Verpflichtungen zu erinnern und an den Exodus aus Ägypten zu erinnern (siehe Nummern 15:40).

Praktizierende Juden tun dies, indem sie einen *Tallit katan* (kleines *tallit*) tragen. Das gesäumte, Poncho ähnliche Kleidungsstück wird gewöhnlich unter ihrer Kleidung getragen. Es hat ein Loch für den Kopf und *Tzitzit* an seinen vier Ecken befestigt. Ein *tallit katan* ist oft aus wolle oder Baumwolle.

Der Gebetsschal, der *Tallit-Gadol*, wird von allen männlichen Teilnehmern während der Morgengebetsdienste in der Synagoge über der Schulter getragen. Heute sind einige Tallitot aus Polyester und Baumwolle. Sie können von jeder Farbe sein, sind aber meist weiß mit schwarzen, blauen oder weißen Streifen am Rand.
Beim Rezitieren des *Schemas* ist es üblich, das *Tzitzit* jedes Mal zu küssen, wenn das Wort erwähnt wird.

TEFILLIN - Phylacterien

Tefillin (Phylacterien) sind zwei kleine viereckige schwarze Lederkisten mit dem Buchstaben *Shin* mit vier biblischen Passagen. Diese werden von männlichen Juden ab 13 Jahren getragen.
Auf den linken Arm und auf den Kopf geschnallt, werden *Tefillin* während der Wochentags-Morgendienste in der Synagoge verwendet. Der Kopf Gurt ist mit einem Knoten in Form eines *Dalets* verbunden, während der Armknoten in Form eines Jochs ist.
Zusammen mit dem *Shin* an der Schachtel, macht das *shin - dalet- yud* (*Shaddai*) einen der Namen Gottes.

Das Gebot zum Anziehen des *Tefillin* findet sich in Exodus 13: 1-10; 11-16 und Deuteronomium 6: 4-9; 13-21

Das Anziehen von *Tefillin* erinnert einen jüdischen Mann, dass er an den Dienst zu Gott gebunden ist, mit Herz, Geist und Macht.

HAARABDECKUNG UND KLEIDUNGSORDNUNG

Die Bibel präsentiert das Haar als Ornament die das Aussehen einer Frau verbessert. In biblischen Zeiten musste eine verlobte Frau ihre Haare bedecken und einen Schleier Gesicht tragen. Das Haar der Frau zu schneiden war ein Weg, um sie unattraktiv zu machen. Deuteronomium 21:12 erwähnt die Gesetze der gefangenen Frau. Einige Gelehrte deuten darauf hin, dass das Schneiden der Haare der Frau sie weniger attraktiv für ihren Eroberer mache, vielleicht sogar mit der Absicht, dass bis zum Ende des Monats seine Verehrung abkühlen würde und er sie gehen lassen würde, anstatt sie als seine Frau zu behaupten.

Chatam Sofer (1762-1839), ein dominanter rabbinischer Gelehrter und Traditionalist, focht das jüdische Gesetz an, das eine Frau nötigte, ihre Haare zu schneiden, nachdem sie geheiratet hatte. Diese Praxis wurde in Mitteleuropa und vor allem in Ungarn weit verbreitet. Obwohl viele Rabbiner dagegen waren, fand dieses Ritual in einer Reihe von Gemeinschaften statt.

Das Haar der Frau bedecken

Im postbiblischen Judentum signalisierte die Bedeckung des Haares einen Übergang im weiblichen Lebenszyklus und symbolisierte den Abschied von der Jungfräulichkeit in die Weiblichkeit. Die Frau wurde unzugänglich und unverfügbar für alle, außer ihrem Mann. Der Schleier musste getragen werden, wann immer sie in gemischter Gesellschaft war oder in der Öffentlichkeit ausging. Laut der Mischna ist es ein unannehmbares Verhalten für eine Frau, mit unbedeckten Haaren herumzulaufen. Zu der Zeit des Mittelalters war die religiöse Verpflichtung, die Haare zu bedecken, unter den Frauen aller Glaubensrichtungen fest verankert: jüdisch, christlich und muslimisch.

Vom Schleier zur Perücke

Im 16. Jahrhundert Frankreich wurde es modisch, Perücken zu tragen, die sich auch unter jüdischen Frauen etablierten. Zunächst von rabbinischen Behörden verurteilt, akzeptierten die meisten schließlich den Trend, der zu Kontroversen in den frommen jüdischen Gemeinden führte. Einige Frauen glaubten, dass die Perücke selbst genug war, während andere eine Perücke mit einer zusätzlichen Kopfbedeckung trug.

Deutsch-jüdische Frau im Mittelalter

An ihrem Hochzeitstag tritt eine Frau in eine einzigartige Beziehung mit ihrem Mann ein. Das Judentum sieht das Haar einer Frau als sinnlichen und privaten Teil ihres Aussehens. Indem sie ihre Haare bedeckt, drückt die Frau ihre exklusive Hingabe, Liebe und eine einzigartige Verbindung zu ihrem Mann aus.

In biblischen Zeiten musste eine Frau vor dem Priester erscheinen wenn sie von ihrem Ehemann des Ehebruchs beschuldigt wurde. Ein Teil der Demütigung, die der Zeremonie vorausging, war die Öffentlichkeit, die das Haar der Frau enthüllte oder entflocht (Numbers 5:18). Daraus schließt der Talmud, dass unter normalen Umständen die Haarbedeckung eine biblische Voraussetzung für Frauen ist.

Von einer religiösen verheirateten Frau wird erwartet, ihre Haare zu bedecken, auch in einem halböffentlichen Ort, wo keine Männer sind. Viele religiöse Frauen finden Bedeutung im Wert der Haarbedeckung. Für sie ist es ein wesentlicher und unverwechselbarer Ausdruck ihres religiösen Glaubens.

Verschiedene Arten von Haarbedeckungen
◊   *sheitel* (Perücke)
◊   Snood
◊   *Mitpachat* (Hebräisch: *Schal)* oder *Tichel* (Jiddisch)
◊   Hut oder Barett

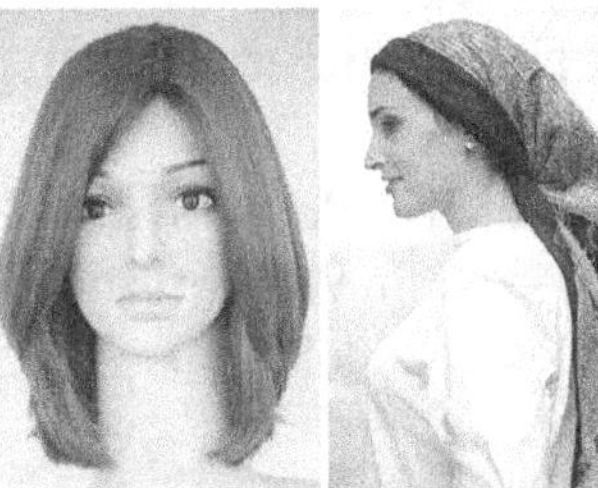

Sheitel oder *Sheytl* (Jiddisch - wahrscheinlich aus deutschem Scheitel abgeleitet); Niederländisch: *Schedel* (Schädel); Hebräisch: *pei'ah*

Orthodoxe jüdische verheiratete Frauen sind vom jüdischen Gesetz aus verpflichtet, ihre Haare zu bedecken. Diese Praxis ist Teil des bescheidenen Kleiderstandards namens *Tzeniut* *. Einige Haredi (Ultra-orthodoxe) Frauen bedecken ihre Haare mit einer Perücke und einem zusätzlichen Hut oder Barett.

Traditionelle *Sheitel* sind durch elastische Kappen gesichert und sind oft mit schwerem Pony entworfen, um den Haaransatz ihrer Träger zu verdecken. Designte Schnüre-vorne Perücken mit realistischen Haarsträhnen werden immer beliebter.
Die Perücke orthodoxer Frauen ist *koscher* *, eine, die eine Bescheinigung hat, die besagt, dass es nicht aus Haaren aus als götzendienerisch erachteten Ritualen gemacht wurde. (Die meisten Haare kommen aus indischen Hindu-Tempeln.)

Ein Stil der halben Perücke, die als "Fall" bekannt ist, ist in vielen Segmenten der modernen und Haredi orthodoxen Gemeinschaften immer häufiger geworden. Es ist in der Regel mit einem Hut oder Stirnband getragen.
Um nicht ihre eigenen Haare zu zeigen, rasieren einige Frauen sie ab oder schneiden sie ganz kurz.
Die meisten chassidischen Sekten verbieten Frauen, eine *Sheitel* zu tragen, da es den Eindruck erwecken kann, dass der Kopf des Trägers unbedeckt ist. Frauen, die zu den Toldos

(Toldot) Aharon gehören, rasieren oft ihre Köpfe kahl und bedecken sie mit einem Taschentuch. Die stark antizionistische Chassidische Bewegung hat ihren Hauptsitz in Jerusalems Meah Shearim Nachbarschaft. Die meisten unverheirateten Haredi Mädchen tragen ihre Haare in einem einfachen Pferdeschwanz, während die der Toldot Aharon ihre Haare in zwei Zöpfen tragen.

Sephardische verheiratete Frauen und diejenigen, die National Religiös sind, tragen keine Perücken. Laut ihren Rabbis sind diese Kopfbedeckungen unzureichend bescheiden - ein Hut oder ein *Tichel (Mitpachat)* ist besser geeignet. *Tichels* können von einem einfachen, farbigen Baumwollquadrat mit einer einfachen Krawatte im Rücken zu einem aufwendigen *Mitpachat* mit mehreren Stoffen reichen. Diese sind modisch und bescheiden.

Orthodoxe Jüdische Kleiderordnung

Das orthodoxe Judentum erfordert, dass Männer und Frauen ihre Körper im Wesentlichen abdecken, d. H. Bescheidene Kleidung.

MÄNNER: In Haredi (ultra-orthodoxen) Gemeinden tragen Männer manchmal lange Hosen und langärmelige Hemden. Während moderne orthodoxe Männer manchmal Shorts und Kurzarmhemden tragen, würden Haredi-Männer nie so etwas tun. Sandalen ohne Sokken (außer in der Synagoge) werden in der Regel in modernen orthodoxen und israelischen religiösen zionistischen Gemeinschaften für die tägliche Kleidung akzeptiert. Der Haredi Ashkenazi Brauch hält von Sandalen ohne Socken ab. Haredi Sephardische Gemeinden neigen dazu, Sandalen draußen und manchmal sogar in der Synagoge zu akzeptieren.

DAMEN: Orthodoxe Frauen tragen langärmelige Blusen (oft mit einer zusätzlichen lockeren Weste darüber) und Röcke, die die Knie bedekken. Haredi-Frauen vermeiden Röcke mit Schlitzen und auffälligen Farben, wie leuchtend rot. Die meisten tragen geschlossene Zehenschuhe und Strümpfe - die genehmigte Dicke hängt von der Gemeinschaft ab.

Moderne orthodoxe Frauen tragen in der Regel Hemden oder Blusen, die das Schlüsselbein und 3/4 der Arme abdecken; Röcke meist über die Knie oder lang. Einige Frauen tragen Hosen.

Viele religiöse Juden glauben, dass die Art und Weise, wie man sich für die Synagoge und in der Öffentlichkeit kleidet, mit der Kleidung vergleichbar sein sollte, die man bei der Begegnung mit Königlichen- oder Regierungsbeamten trägt.

Verhaltenskodex

Im orthodoxen Judentum dürfen sich nicht verwandte Männer und Frauen gegenseitig nicht berühren. (Ein kurzer Händedruck bei einem Geschäftstreffen ist manchmal erlaubt.) Das Unterlassen, das andere Geschlecht zu berühren, heißt *Shemirat negiah* *. Eltern, Kinder, Großeltern und Enkelkinder fallen nicht unter diese Kategorie; Auch keine Ehegattin, es sei denn, sie ist *niddah* * (rituell unrein während und nach der Menstruation). Viele aufmerksame verheiratete Paare werden sich in der Öffentlichkeit nicht berühren.

Unverwandte orthodoxe Männer und Frauen dürfen nicht in eine abgelegene Situation (*yichud* *) in einem Raum oder in einen privaten Bereich eintreten, in dem niemand anderes erwartet wird. Dies geschieht, um mögliche rechtswidrige sexuelle Beziehungen zu verhindern. Aus diesem Grund verlassen die Leute die Tür bei einem Treffen, oder stellen sicher, dass es mehr Leute im Raum gibt. Ursprünglich galt dieses Verbot nur für verheiratete Frauen, die mit anderen Männern als ihren Ehemännern alleine waren. Nachdem König Davids Sohn Amnon Absaloms Schwester Tamar vergewaltigt hat, wurde das *Yichud*-Verbot erweitert, um auch einzelne Frauen miteinzuschließen.

Bild: Mercy Gaynoor

KAPITEL 3

ROSCH CHODESCH

"Aber an euren Freudentagen, es sei an euren Festen oder an euren Neumonden, sollt ihr in die Trompeten stoßen bei euren Brandopfern und euren Friedensopfern."
Numeri 10

Rosch Chodesh (lit. "Kopf des Monats") ist der Name für den ersten Tag eines jeden Monats im hebräischen Kalender, der durch den Tag und die Stunde der Beobachtung eines neuen Halbmondes gekennzeichnet ist. Es gilt als ein kleiner Urlaub, verwandt mit *Chol Hamo'ed **, den Zwischentagen von *Pessach* und *Sukkot*.

Der hebräische Kalender wurde entwickelt, während die Israeliten noch in Ägypten waren:
"Und der Herr redete zu Mose und Aaron im Land Ägypten und sprach: Dieser Monat soll euch der Anfang der Monate sein, er soll für euch der erste Monat des Jahres sein."
Exodus 12:1-2

Sowohl Neu- als auch Vollmond werden ebenfalls in Psalm 81: 3 erwähnt.
In alten Zeiten wurde ein neuer Monat von Beobachtern bestimmt, die den Himmel nachts auf jegliches Zeichen des Mondes überwachten. Die Sichtung des ersten Mondes wurde sofort dem Sanhedrin gemeldet. (Der höchste Gerichtshof und der oberste Rat im alten Jerusalem.)

Die jüdischen Führer fragten, wo am Himmel der Mond erschien und in welche Richtung es zeigte. Nur wenn zwei unabhängige, zuverlässige Augenzeugen bestätigten, dass der neue Mond erschienen und es konsequent beschrieben hatte, würde der Sanhedrin den neuen Monat erklären. Die Gesandten gingen aus, um den Leuten zu erzählen, dass der Monat begonnen hatte. Feuer wurden auf den Hügeln beleuchtet, um den neuen Monat an benachbarte Gemeinden zu verkünden, die wiederum die Botschaft weitergaben.

RoschChodesh wurde ein bedeutender Festtag. Es wurde mit dem Schlagen des *Schofars* angekündigt, gefeiert mit festlichen Einberufungen, Familienfeiern und besonderen Opfern. In alten Zeiten waren die jährlichen Feiertage und Feste von diesen Erklärungen abhängig. Nach der Zerstörung des Tempels, als die Opfer nicht mehr zur Verfügung standen, verlor *Rosch Chodesh* an Bedeutung.

Der jetzige jüdische Kalender wurde in der Zeit von Hillel II. (358/9 v. Chr.) eingeführt. Astronomische Berechnungen ersetzten die Praxis, Zeugen vor dem Sanhedrin zu rufen. Auf der Grundlage wissenschaftlicher Berechnungen war es nun möglich, den jüdischen Kalender in die Zukunft zu berechnen.

Heute wird *RoschChodesh* vor dem Auftreten öffentlich auf dem *Sabbat* angekündigt, außer im Monat *Rosch Haschana* (das Jüdische Neujahr).

Weil es einen besonderen Segen gibt, der während des *Tora*-Dienstes rezitiert wird, heißt dieser Tag der *Sabbat Mevarechim* (der *Sabbat* des Segens).

Während des Abendgottesdienstes von *Rosch Chodesh* wird ein Gebet für die Wiederherstellung des Tempels hinzugefügt. Am nächsten Morgen wird das Gebet wieder zusammen mit allen oder einem Teil des *Hallel* (Psalmen 113-118) rezitiert. Numeri 28: 1-15 wird auch gelesen. Der *Mussaf* ist ein zusätzlicher Gebetsdienst, der die ursprünglichen Opfer im Tempel gedenkt. Nach dem Gottesdienst rezitieren viele Psalm 104.

Es ist üblich, eine besondere Mahlzeit zu Ehren von *Rosch Chodesh* zu essen. Der *Kiddusch Levanah* * (Heiligung des Mondes) wird typischerweise am ersten Samstagabend nach *Rosch Chodesh* rezitiert. Laut dem Talmud sind Frauen von der Arbeit an *Rosch Chodesh* befreit. Rashi (1040-1105 n.Chr.), der berühmte jüdische Gelehrte, beschrieb die Tätigkeiten, von denen man absehen durfte:

Spinnen, Weben und Nähen. Dies war die Art von Arbeit die Frauen verrichteten, wenn die *Mishkan* (Tabernakel) vorbereitet wurde. *Rosch Chodesh* ist seit langem als Frauenurlaub anerkannt. Wegen des besonderen Charakters des Tages ist es üblich, an diesem Tag neue Kleidung zu tragen.

Religiöse Frauen feiern *Rosch Chodesh* bei Tel Shiloh, wo der *Mischkan* einst stand.

KAPITEL VIER

PESSACH - PASSAHFEST

Und dieser Tag soll euch zum Gedenken sein...ihr sollt ihn feiern...als ewige Ordnung einhalten bei euren [künftigen] Geschlechtern." Exodus 12:14-17

Pessach, Pascha, das erste der drei jüdischen Pilgerfeste, wird immer am 14. Tag des hebräischen Monats Nisan gefeiert. Dieser Tag markiert den Beginn des biblischen Neujahrs. Das Datum bestimmt auch die Länge der Herrschaft eines Königs.

Pessach erinnert an den Exodus aus Ägypten, als Gott die Israeliten aus der Knechtschaft befreite.

Der *Sabbat* vor *Pessach* heißt der *Sabbat haGadol* *, weil er den Beginn der Erlösung markiert.

Heute verbringen die praktizierenden Juden die Wochen vor dem Pascha in einer Flut von gründlicher Hausreinigung, um alle Bissen von *Chametz* aus allen Teilen des Hauses zu entfernen. Dieses "Frühjahrsputz" -Ritual wurde auch von vielen Nicht-Juden kopiert.

Chametz (Trieb) wird aus einer von fünf Getreidearten hergestellt, die mit Wasser für mehr als achtzehn Minuten stehen gelassen werden. Während des Passahs ist es verboten, olivgroße oder größere Mengen an *Chametz* zu essen, zu halten oder zu besitzen.
Die meisten orthodoxen Juden gehen noch weiter - auch die Risse der Küchenzähler werden gründlich geschrubbt, um Spuren von Mehl und Hefe zu entfernen, so klein sie auch sind.

Jeder Gegenstand oder ein Gerät, das *Chametz* behandelt hat, wird in der Regel weggelegt und bei Pessach nicht verwendet.

Es ist möglich, *Chametz* an einen Nichtjuden zu verkaufen, der nicht verpflichtet ist, die Gebote zu beachten, im Austausch gegen eine symbolische Gebühr (z. B. 1,00 €).
Im Allgemeinen verkaufen die Leute ihr *Chametz* an einen Rabbiner, der wiederum als Agent agiert und es einem Nichtjuden verkauft. Der Rabbiner kauft die Ware für weniger, als sie am Ende des Urlaubs verkauft wurden. Manche Leute erschaffen einen speziellen Schrank, wo sie ihre Gegenstände bis nach dem Urlaub aufbewahren. Supermarktregale mit Produkten, die nicht *koscher lePessach* sind (*koscher* für *Pessach*), sind mit Plastikfolien bedeckt.

Die meisten praktizierenden Familien haben spezielle Sets von Geschirr, Gläser und Besteck (und in einigen Fällen sogar getrennte Geschirrspüler und Spülen), die noch nie mit *Chametz* in Berührung gekommen sind. Diese werden nur bei Pessach verwendet.
Bestimmte Utensilien, wie Besteck und Metall Töpfe und Pfannen können "*koscher für Passah*" gemacht werden durch einen Prozess namens "*kashering*".

In religiösen Vierteln wird der *kashering* Service für eine kleine Menge Geld angeboten. Die Suche nach verbleibendem Sauerteig findet am Abend vor dem Passah statt. Nach einem besonderen Segen gehen ein oder mehrere Mitglieder des Hauses von Raum zu Raum, um zu überprüfen, dass keine Krümel in irgendeiner Ecke bleiben. Die Suche erfolgt durch Kerzenlicht (beleuchtende Ecken ohne Schatten), eine Feder (um Krümel aus ihren Verstecken zu holen) und einen Holzlöffel (um die Krümel zu sammeln). Diese sollen am nächsten Tag mit dem Rest des *Chametzs* verbrannt werden.

Es ist üblich, 10 Bissen Brot kleiner als die Größe einer Olive zu verstecken, um sicherzustellen, dass einige *Chametz* gefunden werden. Am Morgen des 14. des Nisan sind alle gesäuerten Produkte, die noch im Haus waren, verbrannt. Um eine sichere Verbrennung des *Chametz* zu gewährleisten, stellen die Gemeinden spezielle Müllverbrennungsanlagen an die Straßenekken.

Noch am selben Morgen wird den erstgeborenen Söhnen befohlen, die Fast des Erstgeborenen zu beobachten, welche die Erlösung der hebräischen Erstgeborenen gedenkt.
Nach Exodus 12:29 schlug Gott alle ägyptischen Erstgeborenen, während die Israeliten nicht betroffen waren.

Es ist üblich für Synagogen, ein *siyum* *
(Zeremonie, markierend die Fertigstellung des
Lernens eines Abschnitts aus der *Tora)* direkt
nach den Morgengebeten zu führen. Die festliche Mahlzeit die folgt, hebt die Verpflichtung
des Erstgeborenen auf, zu fasten.

Pessach heißt auch *Chag haMatsot*, bezogen
auf das flache, ungesäuerte "Brot". Die Israeliten mussten so eilig gehen, dass es keine Zeit
für das Brot gab, aufzugehen. Gott befahl den
Israeliten, für sieben Tage ungesäuertes Brot
zu essen.

Während der 40 Jahre in der Wüste gab es nur
Manna. Beim Eintritt in das versprochene Land
konnte das jüdische Volk Matzot aus dem
Weizen und Gerste backen, um einen wahren
Pessach zu feiern.

Korban Pessach ist das Lamm, das im *Mischkan*
und Tempel getötet wurde, gebraten und
während des Urlaubs gegessen wurde.
Der Prophet Samuel belebte das nationale
religiöse Fest und unter König Salomo bekam
das Fest neue Pracht mit dem Bau des ersten
Tempels. Nach seinem Tod verurteilten
Götzendienst und Heidentum die *Pessach-*
Feierlichkeiten.

Göttliche Könige wie Hiskia und Josia haben
das Fest wieder eingeführt. Nach der Zerstörung des ersten Tempels konnte der *Korban
Pessach* nicht mehr geopfert und durch Gebete

ersetzt werden und *Matza* und bittere Kräuter
essen. Als der Zweite Tempel gebaut wurde,
wurde der *Korban Pessach* wieder zurückge-
setzt, bis zur Zerstörung des Tempels in 70
v.Chr.

Weltweit besuchen mehr als 80% der jüdischen
Leute am Vorabend des Feiertags einen *Seder*.
Seder bezeichnet Ordnung und bezieht sich auf
das Gedenken an den Exodus aus Ägypten
durch das Essen von speziellen Speisen, das
Lesen der biblischen Geschichte und das Sin-
gen von bestimmten Liedern.
Einige der heutigen Praktiken wurden bereits
vor der Zerstörung des zweiten Tempels in den
Häusern von Juden verfolgt, die nicht nach
Jerusalem pilgern konnten.

Die Pessach Haggada enthält den Text und die
Reihenfolge der Seder Mahlzeit, die viele Stunden dauern kann.

Am frühen Morgen und am Donnerstagmorgen
der Zwischentage findet der priesterliche Segen an der Westmauer in Jerusalems Altstadt
statt. *Cohanim* (dessen Namen angeben, dass
sie von der Priesterlinie von Aaron sind) geben
den aharonischen Segen von Numeri 6:24-26,
während sie mit ihren *Tallits* (Gebetsschals)
bedeckt sind.

Der priesterliche Segen oder *birkat cohanim,* ist auch bekannt als *nesiat kapayim* (Anhebung der Hände) oder *dukhanen* (aus dem jiddischen Wort *dukhan* - Plattform - weil der Segen von einem erhöhten Podest gegeben wurde). In Israel wird der *Pessach*-Feiertag sieben Tage lang beobachtet; In der Diaspora, für acht Tage.

Die ersten und letzten Tage sind große Feiertage, auf denen die Arbeit verboten ist (wie ein *Sabbat*). Während *Chol Hamoed* (Zwischentage) dürfen die Leute arbeiten.

Die Samariter, die auf dem Berg Gerazim, in der Nähe von Sichem (Nablus) und den äthiopischen Falashas leben, sind die einzige Gruppe von Menschen, die während Pessach noch Osteropfer ausführen.

Pessach ist ein echter Familienurlaub, den jeder genießt. Während dieser Zeit beginnen viele Autos, eine Nationalflagge anzuzeigen.

Pessach - Berg Gerazim 1934.

ISRU CHAG

Isru Chag * bedeutet buchstäblich "die Festtags Gabe" oder "der Tag nach dem Fest". Während der Tempelzeit begannen die Pilger, die auf der Wallfahrt nach Jerusalem gekommen waren, ihre lange Heimreise an diesem Tag. Heute wird *isru chag*, (der zusätzliche Urlaub nach den drei Pilgrim-Festen), als kleiner Urlaub betrachtet.

Ein Baum mag allein auf dem Feld sein,

Ein Mann allein in der Welt,

Aber kein Jude ist allein

An seinen heiligen Tagen.

Abba Kovner

GUT ZU WISSEN

Wenn Sie keine *Seder* Einladung erhalten, gibt es viele christliche oder messianische Gemeinden, die Gruppen *Seder* haben. Während des Urlaubs von *Pessach* ist jeder unterwegs. Es gibt viele Staus und Nationalparks und öffentliche Sehenswürdigkeiten werden überfüllt!

BIRKAT COHANIM – PRIESTERLICHER SEGEN

„Und der HERR *redete zu Mose und sprach: Rede zu Aaron und seinen Söhnen und sprich: So sollt ihr die Kinder Israels segnen; sprecht zu ihnen: Der* HERR *segne dich und behüte dich! Der* HERR *lasse sein Angesicht leuchten über dir und sei dir gnädig! Der* HERR *erhebe sein Angesicht auf dich und gebe dir Frieden! Und so sollen sie meinen Namen auf die Kinder Israels legen, und ich will sie segnen.“* 4. Mose 6:22-27

Birkat Cohanim ist der hebräische Name für den "Segen der Priester". (*Cohen* = Priester). In der Zeittempel-Ära rezitierten die Priester jeden Tag diesen Segen.

Heute gibt es Synagogen, die diesen Ritus jeden Morgen durchführen, andere nur auf dem *Sabbat*. In der Diaspora findet die Zeremonie in der Regel nur auf jüdischen Feiertagen statt, wenn die meisten der Gemeinde zusammen sind.

Während des Segens werden die Hände der *Cohanim* über die Gemeinde mit den Fingern verteilt, die so gehalten werden, dass sie den hebräischen Buchstaben Shin bilden. Dies symbolisiert das Licht der *Shekhina* - Gottesvorhandenheit.

In vielen Gemeinden verbreiteten die Männer ihre *Tallitot* (Gebetsschals) über ihren Köpfen und betrachten den *Cohanim* nicht, um sich nicht ablenken zu lassen. Während der Pilgrim-Feste findet an der Westmauer (*Kotel*) eine besondere Zeremonie statt.

Es ist üblich, die priesterliche Handgeste auf Grabsteine von *Cohanim* zu gravieren. Die Worte des priesterlichen Segens, die auf silbernen Schriftrollen geätzt wurden, wurden von Archäologen in Gräbern aus dem siebten Jahrhundert v. Chr. Gefunden.

Herr Spock, von der *Star Trek* Fernsehserie, benutzte die einhändige Version des priesterlichen Segens als *"Lebe lang und in Frieden"* Gruß.

KAPITEL FÜNF

BETEN FÜR TAU

> *"Tau, kostbarer Tau ... fall auf das Land.*
> *Aus dem Schatz des Himmels wird dies*
> *aufgezeichnet ..."* (Ashkenazi-Gebet)

Am Ende des *Pessach*-Feiertags werden Gebete für Tau in die Synagogen-Dienste eingefügt. Pessach tritt am Ende der Regenzeit auf und verkündet den Beginn des Sommers. Der erste Regen (*Yoreh)* kann nur im Oktober oder November erwartet werden. In Israel war der Tau während der heißen, trockenen Sommermonate von größter Bedeutung.

Der lebende Tau wird weiterhin als ein Segen vom Himmel gesehen. In vielen Gemeinden ist es üblich, daß der Kantor ein weißes Gewand trägt, wie er es bei den Hohen Feiertagen tut, wenn er die Gebete für den Tau rezitiert,

um die göttliche Barmherzigkeit zu wecken, die Gott auf dem Passah für die Ernten ausmacht.

Zwischen *Pessach* und *Shavuot* befinden sich die sieben Arten (Dattel, Olive, Feige, Traube, Gerste und Granatapfel) in verschiedenen Stufen der Reifung. Jede Art von Obst braucht unterschiedliche klimatische Situationen, um eine reiche Ernte zu gewährleisten. Zu dieser Zeit des Jahres ist das Wetter oft instabil - plötzliche Hitzewellen können von Kaltzauber gefolgt werden. Daher ist das Ergebnis der Saison die Ernte nie sicher.

Während der Tempelzeit brachten die Bauern *Bikkurim (*erste Früchte) aus den sieben Arten. Sie mussten sich auf den einen wahren Gott verlassen, im Gegensatz zu den heidnischen Menschen, die glaubten, dass heidnische Götter das Klima kontrollierten.

Am Abend des *Pessach*-Urlaubs, beginnen marokkanische Juden, ihr Mimouna-Fest zu feiern.

KAPITEL SECHS

MIMOUNA FEST

Diese traditionell nordafrikanische jüdische Feier markiert den Beginn des Frühlings und die Rückkehr zum *Chametz* Essen. Manche glauben, dass es von dem Namen Maimon, dem Vater des Rambam, Rabbi Moshe Ben Maimon abstammt, und die Mimouna markiert das Datum seiner Geburt oder Tod.
Nachdem sie sich in Israel niedergelassen hatten, feierten jüdische Einwanderer aus Nordafrika (Maghrebim) die Mimouna mit ihren Familien. Seit 1966 ist es ein Nationalfeiertag. Die Feier beginnt nach der Dämmerung am letzten Tag des Passahfestes. Marokkanische und algerische Juden öffnen ihre Häuser für

Besucher, die gerne eine großzügige Ausbreitung von traditionellen Urlaubstorten und Süßigkeiten genießen.

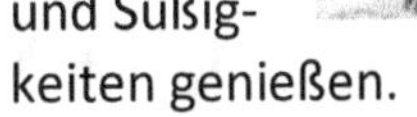

Der Tisch ist auch mit verschiedenen Symbolen von Glück und Fruchtbarkeit gedeckt, mit einem Schwerpunkt auf die Zahl "5", wie fünf Stücke Goldschmuck oder fünf Bohnen auf einem Blatt von Gebäck angeordnet.

In Israel ist Mimouna ein beliebter Urlaub mit Outdoor-Parteien, Picknicks und Barbecues.

KAPITEL SIEBEN

OMER-ZÄHLEN

> *"Bis zu dem Tag, der auf den siebten Sabbat folgt, nämlich 50 Tage sollt ihr zählen, und dann dem HERRN ein neues Speisopfer darbringen."* Leviticus 23:16

Zu alten Zeiten wurde die erste Garbe von Gerste am Ende des ersten Tages von *Pessach,* nach Sonnenuntergang (der Beginn eines neuen Tages für das jüdische Volk) geerntet. Die orthodoxen Juden setzen diese Praxis auch heute noch fort. Die Gerste wurde als Dankesgabe zum Tempel gebracht. Von diesem Tag an konnte die Gerste geerntet und benutzt werden.

Nach der Ernte der ersten Garbe wurden 49 Tage gezählt, und am 50. Tag begann *Shavuot* (= Wochen). Dies hat auch den Beginn der Weizenernte angekündigt. Durch "*Omer*-Zählen" waren die beiden großen landwirtschaftlichen Ereignisse miteinander verbunden.

Der *Omer* ist ein biblisches Maß des Getreidevolumens.

Während ihrer Wanderungen in der Wüste erhielten die Israeliten die Tora auf dem Berg Sinai, am Tag von *Shavuot.* Heute verwenden viele praktizierende Juden die Periode des Zählens des *Omer*, um sich geistig für das zweite Pilgerfest vorzubereiten. Es ist eine Zeit der Trauer, in der sie sich nicht rasieren, ihre Haare schneiden, Musik hören, Hochzeiten feiern oder Parteien und Dinner mit Tanz besuchen.

Israels Gedenktage beginnen eine Woche nach dem Ende der *Pessach* Feiertage. Diese sind:

- *Jom Hashoah* - Holocaust-Gedenktag
- *Jom Hazikaron* - Gedenktag
- *Jom HaAtsma'ut* – Unabhängigkeitstag

„...daß du die Geschehnisse nicht vergißt, die deine Augen gesehen haben, und daß sie nicht aus deinem Herzen weichen alle Tage deines Lebens; sondern du sollst sie deinen Kindern und Kindeskindern verkünden!" Deuteronomium 4:9

Zu vergessen, bedeutet zu sterben - zu erinnern, zu leben

Zechor! Merken!
Das aktive Verb wird von Webster als "etwas, das im Gedächtnis lebendig gehalten wird, damit es ohne Anstrengung zum bewussten Ding berufen werden kann", beschrieben.
Gedenken/sich erinnern impliziert etwas Aufwand oder wird etwas in den Sinn zurück bringen. Reminiszieren ist zu erinnern, um anderen von vergangenen Ereignissen oder über Ihre persönlichen Erfahrungen zu erzählen.

Zachar (Zechor) ist das hebräische Wort für erinnern, denken, erwähnen. Genesis 8: 1 besagt: *"Gott erinnerte sich an Noah."* Der HERR erzählt Noah in Genesis 9,15: *"Ich werde mich an meinen Bund erinnern"* und gab uns den Regenbogen, um uns an sein Versprechen an die Menschheit zu erinnern."

Gott handelt in Erinnerung an seine Bundversprechen. Er erinnerte sich an Abraham, sein Volk. *"Ich hörte ihr Stöhnen ... erinnerte mich an meinen Bund ..."* Exodus 6: 5-6 Gottes Versprechen, sich zu erinnern, wurde durch den Bund wiederholt, den er auf dem Berg Sinai gemacht hat, als die Israeliten ein Volk wurden. Wir lesen dies in Leviticus 26: 40-45. Psalmen 98: 3; 105: 8; 42; 106: 45 erwähnen auch die Tatsache, dass Gott sich an seinen Bund erinnert. In Hesekiel 16:60 erinnert sich Gott an sein Versprechen, sein Volk wiederherzustellen und sie aus der Gefangenschaft zurückzubringen.

Jeremia 31:34 sagt: *"Ich vergebe ihre Schuld, ich werde mich an ihre Sünde nicht mehr erinnern."* Gott befiehlt seinen Leuten:
"Gedenkt an diesen Tag, an dem ihr aus Ägypten gezogen seid." Exodus 13:3
" Gedenke an den Sabbattag und heilige ihn!" Exodus 20:8
Aber besonders: *"Gedenkt an seine Wunder."* Psalm 105:5;

Zikaron bedeutet Erinnerung, Denkmal. Gott sagte von seinem Vaternamen (JHWH = HERR) *"das ist mein Name ewiglich."* (Exodus 3:15, Psalm 30: 4, 135: 13). Der Name erinnert an seine Taten, um seinen Bund zu erfüllen. Gottes Volk wurde befohlen, *"Ich will das Andenken Amaleks ganz und gar austilgen."* (Exodus 17:14).
Die Bronze-Schicht, die den Altar bedeckte (Numeri 16:40) und der Haufen von Steinen in der Nähe des Jordan-Flusses (Josua 4: 7, 20-24) dienten als ewige Denkmäler für die Söhne Israels.
Zwei "Gedenksteine", die mit den Namen der zwölf Stämme eingeschrieben waren, gehörten zum Ephod des Priesters.
Bevor die Israeliten in die Schlacht gingen, wurden Schafe geopfert und Trompeten geblasen. *"damit an euch gedacht wird vor dem HERRN."* Numeri 10: 9-10

Das griechische Wort *anamimnesko* wird aktiv verwendet, und bedeutet, zu erinnern, den Geist anrufen. *Anamnese* ist Erinnerung.
Das Wort wird heute noch von Ärzten benutzt, wenn man sich auf die Krankengeschichte des Patienten bezieht.

Wenn man die Kommunion feiert, wird den Christen gesagt: *"dies tut zu meinem Gedächtnis!"* Paulus im 1. Korintherbrief 11:24-25

Für das jüdische Volk ist die Erinnerung ein integraler Teil ihres Lebens. Die Praxis der Erkennung von Gedenkkerzen in Erinnerung an verstorbene Verwandte basiert auf Sprüchen 20:27: *"Der Geist des Menschen ist eine Leuchte des Herrn."*

Ursprünglich aus dem mittelalterlichen Deutschland, verbreitete sich die Praxis in andere Gemeinschaften. Weil Erinnerungslichter 24 Stunden brennen müssen, werden spezielle Kerzen in Metall- oder Glashaltern verwendet.

Gedenkstätten und ihre besonderen Gebete (*Hazkarah*) gedenken den Toten und drücken die Hoffnung aus, dass ihre Seelen ewige Ruhe erhalten können. Wir lesen über diese alte Praxis in 2 Makkabäern 12:43. Juda Maccabbee erzählt den Leuten: *"... um für die Toten zu beten und Sühne für sie zu machen, damit sie von ihrer Sünde gereinigt werden können."*

Im Judentum wird die Erinnerung in einem positiven Licht gesehen. Es fügt nicht Schuld oder genaue Rache hinzu, sondern erweckt positives Handeln im Lichte der negativen Dinge, die jemanden getroffen haben. Deshalb haben jüdische Krankenhäuser Mauern mit Namen von Spendern, die die Erinnerung an einen geliebten Menschen ehren.

Für viele Menschen sind die nationalen Gedächtnistage herzzerreißend wegen der traumatischen Erinnerungen, die sie hervorrufen. Trauer ist ein integraler Bestandteil des Judentums. Um jedoch *shiva* * Platz zu bieten, muss es zunächst ein Begräbnis geben. Stellen Sie sich die quälende Situation vor, in der eine Familie steht, wenn ihr Kind vermisst wird oder von den Feinden Israels entführt wird. Das jüdische Volk ist bereit, einen hohen Preis zu zahlen, um ihre (toten) Kinder nach Hause zu bringen.

ROSMARIN UND GEDENKEN

Rosmarin Sträucher können überall in Israel gefunden werden. Als ain Mitglied der Minze-Familie, haben die immergrünen Sträucher einen scharfen aromatischen Duft. Menschen aus älteren Zeiten wussten bereits über ihren Ruf, die Erinnerung zu stärken. Moderne Wissenschaftler haben bewiesen, dass Rosmarin Duft ein effektiver Gedächtnis Stimulant ist. Paul sagt im 2. Brief an Timotheus 2:8, "Halte im Gedächtnis Jesus Christus, der aus den Toten auferstanden ist." Jeschua, unser Erlöser, erhob sich von den Toten. Er ist die Quelle und Lieferer aller unserer Bedürfnisse. Christen sollten die Gnade Gottes für sein Volk niemals vergessen. Nicht nur das jüdische Volk, sondern auch die Christen sollten **Gedenken! Und leben!**

KAPITEL 9

STERBENS UND BEISETZUNGS BRÄUCHE
IN ISRAEL

Die jüdische Einstellung zum Tod ist eine Kombination aus Trotz und Akzeptanz. Das Leben soll geschätzt und bewahrt werden, und der Tod ist zu bekämpfen. Keine Anstrengung sollte verschont werden, um einen Sterbenden zu retten. An deinem Geburtstag zu sterben, wird als ein besonderer Segen von Gott gesehen - nur ganz besondere Menschen sterben an ihren Geburtstagen.

Wenn jemand zu Hause gestorben ist, wird der Körper mit den Füßen zur Tür auf dem Boden plaziert. Die Augen und der Mund sind geschlossen und der Körper mit einem Blatt bedeckt. Eine Kerze wird angezündet und in die Nähe des Kopfes gestellt. Von dem Moment des Todes bis zur Beerdigung ist der Leichnam des Verstorbenen nicht allein zu lassen. Oft engagiert die Familie einen *Shomer* *, jemand, der bei dem Verstorbenen sitzt und Psalmen rezitiert. In talmudischen Zeiten mußte die Ankündigung des Todes indirekt gemacht werden, indem man den *Schofar* wehte. Der Mann, der die Gemeinde zu den frühen Morgengebeten in der Synagoge herbeiführte, klopfte gewöhnlich dreimal an den Türen oder Fenstern; Wenner nur zweimal klopfte, wussten die Leute, dass jemand gestorben war.

Heute informieren sich die Familienmitglieder über den Tod eines geliebten Menschen und lassen sie wissen, wann die Beerdigung stattfinden wird - in der Regel innerhalb von 24 Stunden.

BAYIT KEVAROT (Ort der Gräber) oder *Bayit Olam* * - Haus der Ewigkeit - FRIEDHOF
Der Bereich eines jüdischen Friedhofs gilt als heilig und ist nur für jüdische Bestattungen reserviert. Einige Friedhöfe haben getrennte Reihen für Männer und Frauen und verschiedene Gemeinschaften - z.B. Ashkenazim und Sephardim. Nicht-Juden sind auf ihren eigenen Friedhöfen oder Sonderabschnitten begraben.

KEVURAH - die Internierung der Toten)
Im alten Israel wurde eine Leiche, die unbegraben blieb, als eine schreckliche Empörung angesehen (siehe das Erste Buch der Könige 14:11). Es war eine religiöse Verpflichtung, die Toten zu begraben - sogar Verbrecher, die gehängt worden waren. (Siehe Deuteronomium 21:23.)
Es wurde als ein Fluch gesehen, wenn jemandes Gebeine den Vögeln zum Opfer zu fielen, und es gab niemanden, der sie verscheuchte. (Siehe Deuteronomium 28:26.)

Die meisten jüdischen Gemeinden haben ihre eigene *Chevrah Kadisha* * (lit. Heilige Bruderschaft) oder Beerdigungsgesellschaft, die den Körper zur Bestattung durch zeremonielle Wäsche vorbereitet. Um nicht zwischen Reichen und Armen zu unterscheiden, wurden alle Menschen in einem Leichentuch begraben. Als häufige Praxis seit 200 n. Chr., geht diese Sitte weiter in Israel; Diaspora Juden sind oft in einem schlichten, hölzernen Sarg begraben.

In Israel sind die Menschen ohne einen Sarg begraben und nur durch den Kittel und den *Tallit* bedeckt. Frauen sind nur in weißen Gewändern begraben. Bei der Beerdigung zerreißen Trauernde traditionell ein Oberkleid, ein Ritual, das als *Keriah* bekannt ist. Dieses Kleidungsstück wird während der *Shiva* getragen * (Trauerzeit).

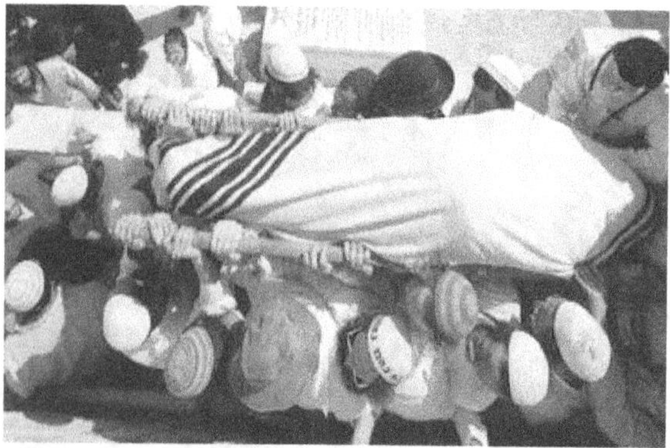

Die Beerdigung gilt als eine endgültige Maßnahme der Sühne für den Verstorbenen. Wie bei einem *Genizah* * begraben Juden Gegenstände als eine ehrenvolle "Internierung" und würden diese Gegenstände nur als Zeichen der Zerstörung verbrennen. *Halacha* * (jüdisches Gesetz) verbietet die Einäscherung. Weil die Nazis während des Holocaust Tausende von Juden verbrannten, wird die Einäscherung als eine noch negativere Konnotation gesehen.

Heute ist es in Israel allgemein akzeptiert, Blumen auf ein Grab zu legen, aber einige Diaspora-Gemeinschaften sehen es als eine heidnische Sitte.

ABERGLAUBEN

- Viele Leute glaubten, dass der Engel des Todes sein blutiges Messer in Wasser in der Nähe der Toten abwischte, daher mussten alle Wassergläser im Hof des Hauses ausgeschüttet werden.
- Weil *shedim* (Geister) den Toten zu ihrem Grab folgte und um sie herum schwebte, musste die Beerdigungskortège ihre Hände vor dem Betreten des Hauses waschen - es reichte nicht, sie einfach in den Fluss zu tauchen. (Daher eine spezielle Spüle auf dem Friedhof.)
- Um die Geister, die dem Trauernden folgten, zu vertreiben, mussten sich die Leute mehrmals hinsetzen und sich ausruhen.
- Das Brett, auf dem der Tote zeremoniell gewaschen worden war, durfte nicht umgedreht werden.
- Man sollte das gleiche Grab nicht zweimal am selben Tag besuchen und sollte nicht auf dem Friedhof schlafen.
- Die Leute wurden gebeten, weder genau auf das Gesicht eines Toten zu schauen, noch die Toten zu küssen, auch nicht, wenn es ein Verwandter war.
- Ein sterbendes Kind konnte aus dem Fängen des Todes entrissen werden, wenn seine Eltern es an einen Freund für einen Schekel verkauften.
- Eine Namensänderung kann den Tod umgehen.
- Die Entfernung eines Federkissens unter dem Kopf eines Sterbenden half der Seele, sich leichter zu verlassen. (Einige Rabbiner wandten sich gegen diese Praxis, da sie glaubten, dass es den Tod eile.)
- Es ist ein gutes Omen, mit einem Lächeln auf dem Gesicht zu sterben oder an einem Geburtstag zu sterben.
- Der Regen am Tag der Beerdigung wird als Zeichen des Mitgefühls und der Vergebung gegenüber den Toten gesehen.

KAPITEL 10

TRAUER BRÄUCHE

Shiva (Lit. sieben) ist die wöchentliche Trauerzeit im Judentum für Verwandte des ersten Grades: Vater, Mutter, Sohn, Tochter, Bruder, Schwester und Ehegatte.

Die Tradition entwickelte sich aus Genesis 50: 1-14, in der Joseph den Tod seines Vaters Jakob für sieben Tage betrauert.

Die Trauerzeit, auch "sitzende *shiva*" genannt, beginnt unmittelbar nach der Beerdigung, die in Israel innerhalb von 24 Stunden stattfinden muss.

Von Jungen, älter als 13 und Mädchen, älter als 12 Jahre, wird erwartet, um ein nahes Familienmitglied zu trauern. Die jüdischen Gesetze über Trauer balancieren emotionale und philosophische Weisheit.

Von Trauernden wird erwartet, zu weinen, ihre Kleider zu zerreißen und an der Begräbniszeremonie teilzunehmen. Allerdings dürfen sie nicht zu viel oder zu lange trauern. Der Schwerpunkt der Trauerzeit ist, sich von dem Verlust zu erholen und sich auf das Geschäft des Lebens zu konzentrieren.

Aninut * (intensive Trauer) ist die erste Stufe der Trauer, wenn jemand im totalen Schock und desorientiert ist. *Aninut* dauert, bis das Begräbnis vorbei ist und von *Avelut* * (Trauer) gefolgt wird. Ein *avel* (Trauerer) hört keine Musik oder geht zu Konzerten und nimmt an keinen freudigen Events oder Parties wie Hochzeiten, *Bar* oder *Bat Mitzwas* teil, wenn nicht unbedingt nötig.

Shiva - Sieben Tage

Für sieben Tage erhalten die Familienmitglieder Besucher (außer auf dem Sabbat und auf einem *Jom Tov* * (Urlaub). In praktizierenden Haushalten versammelt sich ein *Minjan* im Haus des Trauernden für eine *Tora*-Lesung.

Traditionell wird die erste Mahlzeit nach der Beerdigung, die *seudat havra'ah* * (Mahlzeit der tröstlich), von Nachbarn oder Freunden arrangiert.

Trauernde baden oder duschen nicht, sie tragen keine Lederschuhe oder Schmuck und Männer rasieren sich nicht. In vielen Gemeinden sind Haushaltsspiegel abgedeckt. Eheliche Beziehungen und Tora-Studieren ist nicht erlaubt. (Trauernde können die Gesetze der Trauer studieren und Bibelabschnitte lesen, die mit *Tisha B'Av* verbunden sind.) Es ist üblich für die Trauernden, auf niedrigen Hockern zu sitzen, oder sogar auf dem Boden, was die Tatsache symbolisiert, dass sie "herunter gebracht" werden von Trauer.

Es gilt als eine große *Mitzwa* * (wörtlich "Gebot", aber in der Regel als "gute Tat" interpretiert) von Freundlichkeit und Mitgefühl, ein Haus in Trauer zu besuchen. Weil Trauernden nicht erlaubt ist, den Besuchern Essen zu servieren, kümmern sich Familie und Freunde um die Gäste, das Kochen und die Reinigung.

Traditionell werden keine Grüße ausgetauscht und die Besucher warten auf die Trauernden, um Konversation einzuleiten, oder schweigen, wenn diese ruhig bleiben, aus Respekt für ihre Trauer. Es wird erwartet, dass die Besucher über die Verstorbenen sprechen und Geschichten über sein Leben teilen.

Einige Trauernde benutzen den *Shiva* als Ablenkung von ihrem Verlust, andere ziehen es vor, mit Freunden und Familie zu trauern. Nach dem Verlassen eines (Ashkenazi) *shiva* Hauses rezitieren die Besucher einen traditionellen Segen: *"Möge Gott dich unter den anderen Trauernden von Zion und Jerusalem trösten."*

Je nach Sitten können andere hinzufügen: *"Du solltest nicht mehr tza'ar (Not) haben"* oder *"Du solltest nur Simchas (Feiern) haben,"* oder *"wir sollten nur besorot tovot (gute Botschaft) von einander hören ,"* oder *"Ich wünsche dir ein langes Leben".* Bei einem sephardischen Shiva sagen die Besucher: *"Möge der Himmel dich trösten."*

Niemand geht zu einem Haus der Trauer während des *Sabbats* oder der Feiertage. An diesen Tagen tragen Trauernde ihre festlichen Kleider, beten in der Synagoge, führen aber keine Dienste.

Wenn der erste Tag eines *Jom Tov* (heilige Tage, die *Rosch Haschana, Jom Kippur, Sukkot, Pessach* und *Shavuot* enthalten) während der *Shiva* auftritt, endet die Trauerzeit und der Rest von *shiva* wird abgesagt. (Selbst wenn ein Jom Tov bei Einbruch der Dunkelheit am Tag der Beerdigung beginnt.) Beerdigungen finden niemals auf einem *Jom Tov* statt. In Israel kehren Trauernde erst nach dem *Shiva* zur Arbeit zurück. Nach dem Tod eines Elternteils gilt man für zwölf Monate als Trauernder.

SHLOSHIM - dreißig Tage

Die dreißig Tage nach dem Begräbnis (einschließlich *Shiva)* ist als *Shloshim* (dreißig) bekannt. Während dieser Zeit ist einem Trauernden verboten zu heiraten oder an einer religiösen festlichen Mahlzeit teilzunehmen. Männer rasieren sich nicht und bekommen keinen Haarschnitt. *Shloshim* markiert das Ende der Trauerzeit für andere Verwandte als Eltern und Ehepartner.

Am Vorabend des *Shloshim* ist es Tradition, Unterstützung zu teilen, Gebete und Psalmen zu rezitieren und Barmherzigkeit für die Leistungen des Verstorbenen zu zeigen. Gegen Ende des 19. Jahrhunderts wurde das Ritual der Enthüllung des Grabsteins populär. In Israel ist die Enthüllung des Grabsteins nach dem *Shloshim* gemacht. Am Ende der Zeremonie entfernt ein nahes Familienmitglied die Tuchabdeckung. In der Regel enthält der Gottesdienst eine kurze Lobrede für den Verstorbenen.

SHNEM-ASAR CHODESHIM - DIE ZWÖLF MONATE

Trauernde, die ein Elternteil verloren haben, befolgen einen Zwölfmonatszeitraum, der vom Tag des Todes gezählt wird. Während dieser Zeit kehren die meisten Aktivitäten wieder zum Normalen zurück, obwohl die Trauernden den Kaddisch der Leidtragenden für elf Monate weiter rezitieren. Sie dürfen nicht an festlichen Anlässen und großen Versammlungen teilnehmen, in denen Live-Musik gespielt wird.

HAZKARAH UND *YAHRZEIT*

Hazkarah ist die letzte Gedenkstätte der ersten 12 Monate der Trauer. Die *Yahrzeit* (Jiddisch, "Zeit des Jahres") bezieht sich auf den Jahrestag des Todes eines Verwandten. Dies wird gewöhnlich durch das Anzünden einer Gedenkkerze zu Hause gedacht und das Grab besucht, wo ein Familienmitglied den *Kaddisch* und das *El Maleh Rachamim* Gebet aufsagt.

In biblischen Zeiten wurden die Gräber mit Steinhügeln markiert. Durch das Plazieren (oder Ersetzen) von ihnen, half der Besucher, die Grabstätte zu erhalten.

Beim Besuch eines jüdischen Grabes ist es zweckmäßig, mit der linken Hand einen kleinen Stein auf die Platte zu legen. Es zeigt, dass andere die Grabstätte besuchten und an der *Mitzwa* der Beerdigung teilnahmen.

Traditionelle Ehrungen für die Toten, die bei der Benennung und Sprechen der Verstorbenen verwendet werden. Die häufigste ist *zikhrono livrakha* "(m.)" *Zikhronah livrakha*" (von gesegnetem Gedächtnis) Es wird im Englischen oft sowohl als OBM als auch als "Z "L abgekürzt. Die hebräische Abkürzung ist ‎ז"ל.

El male rachamim

Das Gebet ist im Mittelalter entstanden und wurde zunächst in West- und Osteuropa zum Andenken für die Opfer der Kreuzzüge, später dann für die Opfer des Chmelnyzkyj-Aufstandes vorgetragen. Deswegen bestehen in verschiedenen europäischen Gemeinden unterschiedliche Versionen des Gebetes. In aschkenasischen Gemeinden wird *El male rachamim* oftmals auf virtuose Weise vom Vorbeter vorgetragen, ist jedoch auch in sephardischen Riten bekannt. Eine Version, die nach dem Pogrom von Kischinew entstand, hat besondere Berühmtheit erlangt.

KADDISCH

(Lit. Heiligung) ist ein aramäisches Gebet des Lobes an Gott. Ursprünglich war es ein kurzes Gebet in der Synagoge. Der Kaddisch der Leidtragenden wurde im 13. Jahrhundert zur Zeit der Kreuzzüge akzeptiert. Ab dem 15. Jahrhundert begann das Gebet als Rezitation zum Jubiläum des Todes eines Familienmitglieds. Kaddisch kann sowohl von Männern als auch von Frauen, einschließlich nicht-religiösen Juden, rezitiert werden.

El Male Rachamim

"O Gott, voller Barmherzigkeit, der hoch steht, gewährt eine vollkommene Ruhe auf den Flügeln der göttlichen Gegenwart - in den erhabenen Orten unter den Heiligen und Reinen, die wie die Helligkeit des Firmaments leuchten - zur Seele ... Der zu seiner ewigen Ruhe gegangen ist und um dessen willen ... einen Beitrag zur Nächstenliebe in feierlicher Erinnerung leisten wird. Möge sein (ihr) Ruheplatz im Garten Eden sein. Möge der Barmherzige ihn für immer in seinen Schutzflügeln schützen und möge seine Seele in der Bindung des ewigen Lebens gebunden sein. Der Herr ist sein Erbe; Möge er (sie) in Frieden ruhen und uns sagen: Amen. "

Kaddisch

" Erhoben und geheiligt werde sein großer Name auf der Welt, die nach seinem Willen von Ihm erschaffen wurde sein Reich erstehe in eurem Leben in euren Tagen und im Leben des ganzen Hauses Israel, schnell und in nächster Zeit, sprecht: Amen! Sein großer Name sei gepriesen in Ewigkeit und Ewigkeit der Ewigkeiten. Gepriesen und gerühmt, verherrlicht, erhoben, erhöht, gefeiert, hocherhoben und gepriesen sei der Name des Heiligen, gelobt sei er, hoch über jedem Lob und Gesang, jeder Verherrlichung und Trostverheißung, die je in der Welt gesprochen wurde, sprecht Amen."

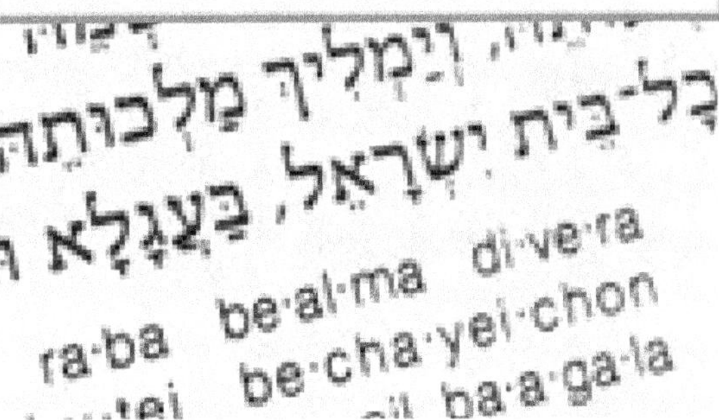

KAPITEL 11

JOM HASHOAH - HOLOCAUST GEDENKTAG

In der Woche nach *Pessach* erscheinen israelische Flaggen an Regierungsgebäuden und Balkonen von Häusern in Vorbereitung auf *Jom Hazikaron laShoah ve-laG'vura* ("Holocaust und Heldentum Erinnerungstag"). Dieser Tag ist allgemein bekannt als *Jom Hashoah* (Holocaust-Gedächtnistag oder Holocaust-Tag). Es erinnert an die sechs Millionen Juden, die während des Holocaust durch Hand der Nazis umkamen. Seit 1953 ist es ein nationaler Gedenktag, der am 27. von *Nisan* (April / Mai) stattfindet. Wenn es an den Sabbat angrenzt, wird das Datum um einen Tag verschoben.

Die meisten jüdischen Haushalte zünden Gedenkkerzen an und viele rezitieren *Kaddisch* * (das Gebet für die Abgeschiedenen).

Am Vorabend von *Jom Hashoah* und dem Tag selbst sind Orte der öffentlichen Unterhaltung gesetzlich geschlossen. Israelische Fernsehen zeigt Holocaust-Dokumentarfilme und Holocaust-bezogene Talkshows, und low-key Songs werden im Radio gespielt. Fahnen an öffentlichen Gebäuden werden auf Halbmast geflaggt.

In Israel startet *Jom Hashoah* um 8 Uhr in einer staatlichen Zeremonie im Warschauer Ghetto-Platz in Yad Vashem, dem Holocaust-Märtyrer- und Heldenmuseum, Jerusalem.
Während der Zeremonie wird die Nationalflagge auf Halbmast gesenkt, gefolgt von Reden des Präsidenten und des Premierministers. Holocaust-Überlebende zünden sechs Fackeln, die die sechs Millionen Juden symbolisieren, die im Holocaust umkamen und die Oberrabbiner rezitieren Gebete.
Am nächsten Tag, um 10:00 Uhr, klingt eine zweiminütige Sirene (das "alle klar" Zeichen) in ganz Israel. Die Leute stehen aufmerksam, die Autos stehen still und die Fahrer stehen neben ihren Autos. Der Großteil des Landes kommt zum Stillstand, da viele Leute den Toten still Tribut zahlen.

Auf *Jom Hashoah* werden bundesweite Zeremonien und Gottesdienste an Schulen, Militärbasen und anderen öffentlichen Plätzen abgehalten.

Ner Zikaron * - Gedenklicht

Dies ist eine spezielle Lampe oder ein Licht, das in Erinnerung an einen verstorbenen Verwandten angezündet wird. Die Praxis kommt von Sprüche 20:27 - *"Der Geist des Menschen ist eine Leuchte des Herrn"*. Die Tradition entstand wahrscheinlich im mittelalterlichen Deutschland. Neben *Jom hashoah* und *Jom Hazikaron* entbrennen die Gedenklichter an drei anderen Gelegenheiten: während der *Shiva*, der *Yahrzeit* eines Familienmitglieds und am Abend des *Jom Kippur*.

KAPITEL 12

JOM HAZIKARON - GEDENKTAG

Jom Hazikaron ist ein Gedenktag derjenigen, die seit 1860 gefallen sind (als Juden zuerst anfingen, außerhalb der Mauern von Jerusalems Altstadt zu leben). Es fällt gewöhnlich auf den 4. *Iyar* (oft im Mai). Wenn das Datum auf einen Freitag oder Samstag fällt, werden die Feierlichkeiten verschoben. Seit 1963 ist *Jom Hazikaron* Israels offizieller Gedenktag geworden, an dem gefallene Soldaten und Opfer des Terrors erinnert werden.

Gedenk Gottesdienste fangen um 8 Uhr mit einer Ein-Minuten-langen Sirene an. Landesweit werden Gedenkstätten von Israels führendem und militärischem Personal besucht. Die Hauptzeremonie findet auf dem IDF-Friedhof auf dem Berg Herzl, Jerusalem statt.

Am nächsten Tag klingt eine zweiminütige Sirene um 11 Uhr morgens und markiert die Eröffnung offizieller Gedenkfeiern und private Versammlungen auf Friedhöfen, in denen Soldaten begraben sind. Wieder kommt der Verkehr zum Stillstand, und die Leute stehen mit gebeugten Köpfen zu Ehren der gefallenen Soldaten.

Der Tag endet offiziell zwischen 19-20 Uhr mit der Eröffnungszeremonie des Israelischen Unabhängigkeitstags auf Jerusalems Berg Herzl, wenn die israelische Flagge voll gehisst ist.

Jom Hazikaron direkt vor *Jom Ha'atzmaut* zu legen, soll daran erinnern, welchen Preis Menschen für die Unabhängigkeit bezahlt haben, und was mit dem Opfer der Soldaten erreicht wurde. Viele Israelis haben in der IDF gedient oder sind mit denen in Verbindung, die während der militärischen Konflikte Israels getötet wurden.

Israels Gedenktag - *Yizkor* Gebet

Möge Gott an die Seelen seiner heldenhaften Kinder erinnern: Die Kämpfer der israelischen Streitkräfte, Der im Kriege Israels fielen, In defensiven, retaliativen und Sicherheitsmaßnahmen Und bei der Erfüllung ihrer Pflicht, Einschließlich der Seelen der unterirdischen Kämpfer und Brigaden Die im Kampf der Nation kämpften – Alle, die ihr Leben für die Heiligung des Gottesnamens geopfert haben.

Und mit der Hilfe von Gott, dem Herrn von Israels Kämpfen, Brachten sie die Wiederbelebung der Nation und des Staates hervor Und die Erlösung des Landes und der Stadt Gottes. Sie waren schneller als Adler und stärker als Löwen Als sie freiwillig die Nation unterstützten, Und sie sättigten unser heiliges Land mit ihrem reinen Blut. Die Erinnerung an ihre Selbstaufopferung und heroische Taten Wird uns niemals verlassen.

Mögen ihre Seelen in der Bindung des Lebens gebunden werden Mit den Seelen Abrahams, Isaaks und Jakobs, Und mit den Seelen der anderen Helden und Märtyrer von Israel Die im Garten Eden sind. Amen.

Die Nationalflagge und das Emblem von Israel

Degel Yisrael (die Flagge von Israel) wurde am 28. Oktober 1948, fünf Monate nach der Gründung des Landes, übernommen. Es zeigt einen blauen Davidsstern auf einem weißen Hintergrund, zwischen zwei horizontalen blauen Streifen. Das Grunddesign erinnert an den *Tallit,* den jüdischen Gebetsschal, der weiß mit blauen Streifen ist. Der Stern in der Mitte ist der Magen David (Schild Davids). Weiß: Symbol des Lichts, Ehrlichkeit, Unschuld und Frieden. Blau: symbolisiert Vertrauen, Loyalität, Weisheit, Vertrauen, Intelligenz, Glaube, Wahrheit und Himmel.

Diese von dem ersten zionistischen Kongress in Basel im Jahre 1897 verabschiedete Fahne war von den jüdischen Gemeinden in der ganzen Welt als das Wahrzeichen des Zionismus akzeptiert worden und es war so natürlich, sie bei der offiziellen Proklamation der Staatlichkeit zu benutzen.

Der österreichische jüdische Dichter Ludwig August Frankl (1810-1894) war der erste Mensch in der Neuzeit, der die Idee, dass Blau und Weiß die Nationalfarben des jüdischen Volkes sind, geäußert hat. Mehr als drei Jahrzehnte vor dem ersten zionistischen Kongress veröffentlichte Frankl ein Gedicht mit dem Titel "Judas Farben".

Nicht nur der neue Staat Israel verlangt eine Nationalflagge, sondern auch ein offizielles Emblem, um seine Souveränität in der Völkergemeinschaft zu demonstrieren.

Das israelische Emblem wurde neun Monate nach der Gründung des Staates verabschiedet. Es symbolisierte die Kontinuität und Erfüllung des zionistischen Traums im Emblem von Israel. Zecharias Vision (Sacharja 4: 1-3, 11-14) der Menora und Olivenzweige repräsentieren die zionistische Idee des neu gegründeten Staates Israel. Es entspricht dem Wiederaufbau des Tempels in Jerusalem nach der Rückkehr nach Zion. Die beiden Olivenbäume repräsentieren "Religion" und "Staat" (die "zwei gesalbten Würdenträger" - der Hohepriester und der Gouverneur) stehen zusammen, um den zionistischen Traum zu verwirklichen.

KAPITEL 13

JOM HA'ATZMAUT -
TAG DER UNABHÄNGIGKEIT

Jom Ha'atzmaut wird am 5. Tag von *Iyar* im hebräischen Kalender gefeiert. An diesem Tag las David Ben-Gurion öffentlich die israelische Unabhängigkeitserklärung. Das entsprechende Gregorianische Datum war der 14. Mai 1948. Sollte der 5. *Iyar* an einem Freitag oder Samstag fallen, werden die Feierlichkeiten bis zum vorigen Donnerstag verlegt.

Jom Ha'atzmaut beginnt um 8 Uhr mit einer offiziellen Eröffnung auf Jerusalems Berg Herzl, die live im Fernsehen ausgestrahlt wird. Die Zeremonie beinhaltet eine Rede des Sprechers der Knesset (das israelische Parlament), künstlerische Darbietungen, die eine ausgeklügelte Struktur wie eine *Menorah* oder Magen David bilden, und die zeremonielle Beleuchtung von zwölf Fackeln, eine für jeden der Stämme Israels.

Die Fackelfeuerzeuge sind israelische Bürger, die einen bedeutenden sozialen Beitrag zu einem bestimmten Gebiet geleistet haben. Die (trauernde) Mutter in diesem Bild hatte gerade ihre Soldaten-Tochter während der Unabhängigkeitstag-Generalproben verloren, als eine Struktur wegen starker Winde zusammenbrach.

Viele Städte halten Outdoor-Auftritte auf ihren Plätzen, mit führenden israelischen Sängern und Feuerwerk-Displays. Damit die Menschen singen und tanzen können, sind viele Straßen und Plätze für Autos geschlossen. Am nächsten Tag beginnen eine Überführung von Kampffliegern und IDF-Hubschraubern die Hauptaktivitäten des Unabhängigkeitstages. Der Präsident, IDF-Chef des Stabes, Ministerpräsident und Verteidigungsminister singen ihre Lieblings-Independence-Day-Songs mit der IDF-Band und Sänger. Später am selben Tag ehrt der israelische Präsident 120 exzellente IDF-Soldaten in seiner offiziellen Residenz in Jerusalem.

Weitere Aktivitäten, die auf *Jom Ha'atzmaut* stattfinden, sind:
⇒ Internationaler Bibelwettbewerb in Jerusalem
⇒ Israel-Preisverleihung in Jerusalem
⇒ Die IDF öffnet einige ihrer Sitze für die Öffentlichkeit
⇒ Israel Verteidigungskräfte Parade (1948-1973)
⇒ Hebräischer Liedwettbewerb (1960-1980)

Im ganzen Land strömen israelische Familien in die Parks, um zu picknicken und grillen (bekannt als *Mangal* im israelischen Slang.) Das Wort kommt aus dem arabischen Wort für Herd.

Balkone und Gebäude sind mit israelischen Fahnen verziert, und kleine Fahnen sind an Autofenstern befestigt. Viele Israelis halten ihre Fahnen bis *Jom Yerushalayim* (Jerusalem Tag).

Weil der Oberrabbinat *Jom Ha'atzmaut* einen jüdischen Feiertag erklärte, rezitieren die praktizierenden Juden Hallel (Psalm 113-118) während der Gottesdienste.

Einige Haredim (Ultra-Orthodoxe) verbinden die Massen und genießen ein Barbecue. Doch ultra-orthodoxe Juden, die Mitglieder der Satmar sind, Toldos Aaron, Toldos Avraham Yitzchak und Neturei Karta Sekten feiern nicht *Jom Ha'atzmaut*. Sie behaupten, dass die Gründung eines jüdischen Staates vor dem Kommen des Messias eine Sünde ist. Manche fasten sogar an diesem Tag und rezitieren Gebete für Fastentage.

Israelische Drusen, Beduinen und Tscherkessen feiern in der Regel die Unabhängigkeit Israels. Die Mehrheit der Araber, die in Israel leben, betrachten jedoch den Unabhängigkeitstag Israels als tragischen Tag in ihrer Geschichte. Sie nennen es *al-Nakba* (die Katastrophe).

GUT ZU WISSEN

Die Eröffnungszeremonie von *Jom haAtsma'ut* am Berg Herzl kann nur mit Einladung besucht werden. Sie können versuchen, ein Ticket für die Kleiderprobe, die die Woche vorher stattfindet, zu erhalten. Die Abendstraßenpartys in Jerusalem sind ein Erlebnis, das Sie nicht vergessen werden. Die Leute ‚schlagen' sich gegenseitig auf den Kopf mit großen aufblasbaren Hämmern. Tragen Sie nicht Ihre besten Kleider, wie Sie mit Schaum besprüht werden können!

AL HA NISSIM

(Für die Wunder)

Dieses Gebet der Danksagung wurde in der Talmudischen Ära komponiert. Es wird während der *Amidah,* Gnade nach den Mahlzeiten und der *Chanukka* und *Purim* Feiertage rezitiert. Einige Gemeinden verbinden den Text mit dem Unabhängigkeitskrieg (1948).

„Für die Wunder, für die Befreiung, für die Allmachtthaten, für die Siege und für die Kämpfe, die Du unseren Vätern in jenen Tagen zu dieser Zeit bewirkt hast"

„וְעַל הַנִּסִּים וְעַל הַפֻּרְקָן וְעַל הַגְּבוּרוֹת וְעַל הַתְּשׁוּעוֹת: וְעַל הַמִּלְחָמוֹת שֶׁעָשִׂיתָ לַאֲבוֹתֵינוּ בַּיָּמִים הָהֵם בִּזְמַן הַזֶּה:"

KAPITEL 14

LAG BA'OMER

Lag Ba'omer (auch bekannt als *Lag La'Omer* unter sephardischen Juden) wird am 33. Tag des Zählens des Omer gefeiert, das am 18. Tag des hebräischen Monats *Iya*r auftritt. (Normalerweise im Mai)

Laut dem Talmud starben 24.000 Studenten von Rabbi Akiva an einer göttlich gesendeten Pest während des Omer-Zählens. In den folgenden Jahren begannen die Juden, das Ende der Pest auf *Lag Ba'omer* zu feiern. Rabbi Akiva setzte sich mit nur fünf Studenten fort, darunter Rabbi Shimon Bar Yochai, der der größte Lehrer der Tora in seiner Generation wurde.

Akiva entschied, dass seine Schüler lernen sollten, die römischen Eroberer zu bekämpfen. Um Verdacht zu vermeiden, kleideten sie sich als Jäger, die Bögen und Pfeile tragen, und gingen in den Wald, um zu üben. Schließlich schlossen sich die Studenten den Bar-Kochba-Rebellen in ihrem Kampf um die Freiheit an.

Während des Römischen Reiches glaubten die Römer, es sei ein Zeichen des Unglücks, im Mai vor der Ernte zu heiraten. Sie glaubten, dass die Seelen der Toten zu jener Zeit zur Erde zurückkehrten, um das Leben zu verfolgen, und würden nur von Beerdigungen, nicht von Hochzeiten beruhigt werden. Diese Zeit dauerte 32 Tage und endete mit einem Fest am 33. Tag. Die römische Praxis fiel mit der jüdischen Praxis des Omer-Zählens zusammen, die mit *Lag Ba'omer* am 33. Tag endete.

Im Mittelalter wurde *Lag Ba'omer* ein besonderer Feiertag für rabbinische Studenten. An diesem so genannten "Studenten Tag" war es üblich, Outdoor-Sportarten auszuüben.

In der Antike haben sich die Bauern während des *Omer*- Zählens darüber Sorgen gemacht (heute tatsächlich auch noch), ob die neuen Getreidepflanzen Erfolg haben oder scheitern würden. Das israelische Frühlingswetter ist immer instabil. Heiße Wüstenwinde (*Sharav*) können die Sämlinge austrocknen oder das stehende Getreide verbrennen. Eine weitere Gefahr sind Heuschrecken, andere Insekten oder Pflanzenkrankheiten. Bis der Bauer das Ergebnis seiner jeweiligen Ernten kennt, ist er nicht in der Stimmung für private oder öffentliche Feiern.

Während das Omer- Zählen eine halb trauernde Periode für praktizierende Juden ist, werden alle Beschränkungen der Trauer am 33. Tag des *Omer* aufgehoben. Unter Ashkenazi Juden sind häufig Hochzeiten, Partys, Musik und neue Frisuren geplant, die mit diesem Tag zusammenfallen. Sephardi Juden heiraten auf *Lad Ba'omer,* dem 34. Tag des Omer.

Am Vorabend des Urlaubs sind riesige Lagerfeuer im ganzen Land angezündet. Kinder fangen oft an, nach dem Urlaub in *Pessach* Holz zu sammeln.

Einige glauben, dass die Praxis, diese Lagerfeuer zu haben, auf die Tage von Bar Kochba zurückgeht, die Feuer in Jerusalem beleuchteten, um anderen Dörfern und Städten zu signalisieren, dass sie die Hauptstadt gefangen hatten. Im Gegenzug entzündeten die Dörfer Feuer, die noch weiter gesehen werden konnten. Am nächsten Tag genießen Familien Picknicks und Ausflüge in den Wald. Kinder spielen weiterhin mit Schleifen und gummierten Pfeilen.

Die Meron-Feierlichkeiten stammen aus der Zeit des Rabbi Isaac Luria (1534-1572).

Seitdem wurde es üblich, den dreijährigen Jungen ihre ersten Haarschnitte (*Upshurin* *) bei *Lag Ba'omer* zu geben. Zionistische Ideologie verbunden *Lag Ba'omer* an die Bar Kochba Revolte gegen das Römische Reich. Der Urlaub wurde zum Symbol für den jüdischen Geist. Das Gadna-Programm (Jugendbrigaden) der IDF (Israel Defense Forces) wurde 1941 auf *Lag Ba'omer* gegründet. Ihr Emblem trägt einen Bogen und Pfeil. Auf *Lag Ba'omer* 1948 befahl die israelische Regierung die Gründung der israelischen Streitkräfte. Im Jahr 2004 wurde *Lag Ba'omer* als der Tag genannt, um die IDF-Reserven zu begrüßen.

UPSHERIN

Upsherin (jiddisch *Upsherinish* (lit. abscheren) oder *chalaka*) ist eine jüdische Haarschnitt-Zeremonie, kabbalistisch im Ursprung, die stattfindet wenn ein jüdischer Junge drei Jahre alt ist. Die *Upsherin*-Tradition ist (für das Judentum) relativ modern und kann nur ins 17. Jahrhundert zurückverfolgt worden.
R. Yehudah Leibush Horenstein, ein Chassidischer Rabbiner, der Mitte des 19. Jahrhunderts in das osmanische Palästina auswanderte, schreibt, dass *"dieser Haarschnitt, genannt chalaka, von den Sephardim in Jerusalem am Grab des Shimeon Bar Yochai während des Sommers gemacht wird, Aber während des Winters nehmen sie den Jungen in die Synagoge oder Bayit Midrash und führen den Haarschnitt mit großartiger Feier und Partys, was den Juden in Europa unbekannt ist. "* Weil es keinen hebräischen oder jiddischen Namen für die Sitte gab, wurde es von dem jiddischen Wort zum Abschneiden der Haare genannt: "*upsheren*".

In der Chassidischen Gemeinschaft markiert das *Upsherin* den Eintritt eines männlichen Kindes in das formale Bildungssystem und den Beginn der Tora-Studie.

Von nun an wird es einen *Kippah* * (yarmulke) und *tzitit* * tragen. Das Kind wird gelehrt, zu beten und das hebräische Alphabet zu lesen. So dass *Tora* "süß auf der Zunge" sein sollte, sind die hebräischen Buchstaben mit Honig bedeckt, und das Kind leckt sie, während er liest.

Einige Gemeinden wiegen die Haare, die in der *Upsherin*-Zeremonie abgeschnitten werden, und geben diese als Spende ab. Wenn das Haar lang genug ist, kann es an eine Wohltätigkeitsorganisation gespendet werden, die Perücken für Krebspatienten macht. Andere Bräuche beinhalten, dass die Gäste eine Haarlocke abschneiden und das Kind dazu ermutigen, eine Münze in eine *Tzedakah* * Box zu legen für jede Strähne, die geschnitten wird.

Das Schneiden von Haaren ist während der Zeit des *Omer*-Zählens nicht erlaubt, ist aber auf *Lag Ba'omer* erlaubt.

Aus diesem Grund feiern Jungen, die zwischen *Pessach* und *Lag Ba'omer* drei werden, Upsherin. Die größten *Lag Ba'omer* Feiern werden am Grab des Rabbi Shimon Bar Yochai in Meron, in der Galiläa gehalten. Shimon Bar Yochai war ein berühmter Tannaic Salbei aus dem 1. Jahrhundert im alten Israel, aktiv nach der Zerstörung des Zweiten Tempels in 70 CE. Er war einer der bedeutendsten Jünger des Rabbiner Akiva und wird mit der Urheberschaft des Zohar, dem Hauptwerk der Kabbala, zugeschrieben. Während der Zeit des Rabbiners Isaak Luria (1534-1572) verteilten die Eltern Wein und Süßigkeiten, während ihr Sohn seinen ersten Haarschnitt hatte. Dieser Brauch ist heute noch beliebt. Rabbiner Isaak Luria. Ein jüdischer Mystiker aus Safed in der Region Galiläa des osmanischen Palästinas gilt als Vater der zeitgenössischen Kabbala.

Heute reisen viele orthodoxe Juden zum Berg Meron, um den Sohn ihres Sohnes zu feiern. Jerusalemer, die nicht nach Meron reisen können, feiern am Grab von Shimon Hatzaddik. Die Bibel vergleicht das menschliche Leben manchmal mit dem Wachstum der Bäume. Leviticus 19:23 besagt, dass man nicht erlaubt ist, die Frucht zu essen, die in den ersten drei Jahren auf einem Baum wächst. Einige Juden wenden dieses Prinzip an, um die Haare eines Kindes zu schneiden, und erst im Alter von drei Jahren bekommt das Kind seinen ersten Haarschnitt. Chassidische Juden hoffen, dass das Kind, wie ein Baum, der groß wird und schließlich Früchte produziert, in Wissen und guten Taten wachsen wird und eines Tages eine eigene Familie hat. Einige Gemeinden rufen einen Jungen vor seinem ersten Haarschnitt an *orlah* - das gleiche Wort für einen Baum in seinen frühen Jahren verwendet.

DER *KIPPA ~ YARMULKE*

Ein *Kippa* (Plural *Kippot*) ist eine Kopfbedeckung, die jüdische Männer tragen, um ihren Respekt vor Gott zu zeigen. Der Talmud sagt: *"Bedecke deinen Kopf, damit die Furcht des Himmels auf dir sein kann."* Rabbi Hunah ben Joshua ging nie 4 Ellen (2 Meter) mit seinem Kopf aufgedeckt. Er erklärte: *"Weil die göttliche Gegenwart immer über meinem Kopf ist."*

Laut dem *Shulchan Aruch* * wird jüdischen Männern dringend empfohlen, ihre Köpfe zu bedecken, und so sollten sie nicht mehr als vier Ellen barköpfig gehen.

Das Abdecken des Kopfes, wie zum Beispiel durch das Tragen eines *Kippas,* wird als "Gott ehren" bezeichnet.

Im Mittelalter in Europa war die unverwechselbare jüdische Kopfbedeckung ein voller Hut mit einem Rand und einem zentralen Punkt oder Stiel.

Ursprünglich unter den Juden verwendet, um sich zu unterscheiden, machten einige christliche Regierungen es als diskriminierende Maßnahme obligatorisch.

Im frühen 19. Jahrhundert in den Vereinigten Staaten trugen Rabbiner oft eine Gelehrtenkappe (große Untertasse-förmige Kappen aus Tuch, wie ein Barett) oder eine chinesische Skullcap. Andere Juden dieser Ära trugen einen schwarzen Pillenbox-förmigen *Kippot.*

In vielen Gemeinden werden Jungen ermutigt, einen *Kippa* vom jungen Alter an zu tragen, um die Gewohnheit zu bekommen. Die Farbe und das Gewebe des *Kippah* kann ein Zeichen der Einhaltung einer bestimmten religiösen Bewegung sein.

Gestrickte oder gehäkelte *Kippots*, bekannt als *Kippot serugot*, neigen dazu, von religiösen Zionisten und den modernen Orthodoxen getragen zu werden, die auch Wildleder oder Leder *Kippot* tragen.

Bucharan-*Kippot* sind bei Kindern beliebt und auch von liberal-lehnenden, feministischen und reformierten Juden getragen.

Jemenit *Kippot* sind in der Regel schwarzer Samt mit 1-2 cm. Gestickte Streifen um den Rand mit einem multi-kolorierten geometrischen, Blumen- oder Paisley-Muster.

Mitglieder der meisten Haredi-Gruppen tragen in der Regel schwarzen Samt oder Tuch *Kippot*. Im Allgemeinen, je größer der *Kippah*, desto traditioneller ist der Träger. Im Gegensatz dazu, je kleiner der *Kippah*, desto moderner und liberaler ist die Person.

In Jerusalem findest du manchmal Männer, die einen vollköpfigen, weißen gehäkelten *Kippah* tragen, manchmal mit einem Strick-Pom-Pom oder Quaste oben. Verwechseln Sie nicht die muslimischen Männer (die manchmal einen ähnlich aussehenden "*Kippah*" tragen) mit jüdischen Anhängern des verstorbenen Rabbiner Yisroel ber Odesser. Der Ausdruck *"Nach Nachma Nachman Me'uman"* ist auf dem *Kippah* gehäkelt oder bestickt.

Moderner *Kippot* haben verschiedene Farben der Sportmannschaften, besonders Fußball. *Kippot* wurde auf der Innenseite als Souvenir für eine Feier (*Bar / Bat Mitzwa* * oder Hochzeit) eingeschrieben.

Es gibt spezifische *Kippot* für Frauen.

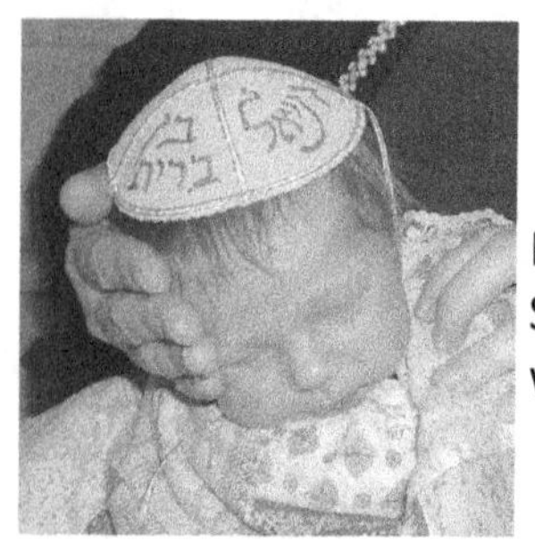

Ein spezielles Baby *Kippah* mit zwei Saiten auf jeder Seite, um es zu befestigen, wird oft für eine *Brit Mila* * Zeremonie verwendet.

KAPITEL 15

JOM YERUSHALAYIM - JERUSALEM TAG

Jom Yerushalayim ist ein Nationalfeiertag zum Gedenken an die Wiedervereinigung von Jerusalem und die Einrichtung der israelischen Kontrolle über die Altstadt im Juni 1967. Nach dem Unabhängigkeitskrieg von 1948 war Jerusalem 19 Jahre lang eine geteilte Stadt. Israels Hauptstadt wurde während des Sechs-Tage-Krieges von 1967 wiedervereinigt.

Am 12. Mai 1968 verkündete die Regierung einen neuen Feiertag – Jerusalem Tag. Es sollte am 28. *Iyar* gefeiert werden, das hebräische Datum, an dem die geteilte Stadt Jerusalem eins wurde. (In der Regel Mai oder Anfang Juni.) Am 23. März 1998 verabschiedete die Knesset das Jerusalem-Tagesgesetz und machte den Tag zu einem Nationalfeiertag.

Der Oberrabbinat von Israel erklärte den Jerusalem-Tag zu einem kleinen religiösen Feiertag, um Gott für den Sieg im Sechstagekrieg zu danken und das 2.000 Jahre alte Gebet des "nächsten Jahres in Jerusalem" zu beantworten. Der Tag ist geprägt von staatlichen Zeremonien, Gedenkstätten für Soldaten, die im Kampf um Jerusalem und Paraden durch die Innenstadt von Jerusalem gestorben sind.

In den Synagogen rezitieren die Kongressabgeordneten das *Hallel* * Gebet und andere Segnungen.

Israelische Schulen unterrichten die Kinder über die Bedeutung von Jerusalem und halten festliche Versammlungen. Dieser Tag ist auch in jüdischen Schulen auf der ganzen Welt markiert.

Jerusalem, die Hauptstadt Israels, ist eine große und expandierende Stadt geworden. Von der ganzen Welt kommen Touristen, um ihre Schönheit zu sehen, um über ihre Vergangenheit zu lernen und Pilgerfahrt zu den heiligen Stätten zu machen. Jerusalem ist ein Verbindungspunkt für die drei großen Religionen - Judentum, Christentum und Islam.

Am 7. Juni 1967, der Tag an dem Jerusalem frei wurde, erklärte Verteidigungsminister Moshe Dayan:

"Heute morgen befreiten die israelischen Streitkräfte Jerusalem. Wir haben Jerusalem, die geteilte Hauptstadt Israels, vereinigt. Wir sind zu den heiligsten unserer heiligen Orte zurückgekehrt, um uns nie wieder von ihr zu trennen. Für unsere arabischen Nachbarn erweitern wir auch zu dieser Stunde - und mit der Betonung zu dieser Stunde - unsere Hand in Frieden. Und zu unseren christlichen und muslimischen Mitbürgern versprechen wir feierliche Freiheit und Rechte. Wir sind nicht nach Jerusalem gekommen, um der heiligen Stätten anderer Völker willen und nicht mit den Anhängern anderer Glaubensbekenntnisse zu stören, sondern um ihre Gesamtheit zu sichern und dort zusammen mit anderen in der Einheit zu leben."

Diese Deklaration ist heute noch relevant.

SPRÜCHE ÜBER JERUSALEM

- "Vergesse ich dich, Jerusalem, so erlahme meine Rechte!" Psalm 137: 5)
- Schön verziehrt, Freude der ganzen Erde.
- Zehn Maßnahmen der Schönheit kamen in die Welt; Jerusalem nahm neun und der Rest der Welt eine.
- Eine Stadt, die alle Juden zusammenführt, weil sie alle Partner in ihr sind.
- Alle, die in Jerusalem beten, sind, als ob sie vor dem göttlichen Thron beten.
- Als Jerusalem zerstört wurde, ging Gott in Trauer und es wird keine Freude vor ihm geben, bis es wieder aufgebaut ist und Israel in seine Mitte zurückkehrt.
- Wenn ein Jude betet, muss er Jerusalem erwähnen.
- Jerusalem hat 70 Namen, darunter die Stadt Davids (2 Samuel 5: 9), Stadt, wo David lagerte (Jesaja 29: 1); Tore Zions (Psalm 87: 2); Stadt der Wahrheit (Sacharja 8: 3); Freudige Stadt (Jesaja 22: 2); jauchzende Stadt (Jesaja 1:26); Und der Schönheit Vollendung (Klagelieder Jeremias 2:15).

GUT ZU WISSEN

Am Jerusalem-Tag findet die sogenannte "Parade der Fahnen" statt. In der Regel beginnen wir am Sacher Park, die glücklichen Teilnehmer (meist religiöse Jugendliche) singen und tanzen ihren Weg in die Altstadt. Die Parade endet am Kotel. Kaufen Sie eine Fahne und kommen Sie in die Menge!

KAPITEL 16

SHAVUOT - DAS WOCHEN FEST

In Israel wird *Shavuot* nur einen Tag lang gefeiert - am 6. Tag des hebräischen Monats *Sivan* (in der Regel Ende Mai, Anfang Juni).

" Wenn du nun in das Land kommst, das dir der HERR, dein Gott, zum Erbe gibt, und es in Besitz nimmst und darin wohnst, so sollst du von den Erstlingen aller Früchte des Erdbodens nehmen, die du von deinem Land einbringen wirst, das der HERR, dein Gott, dir gibt, und sollst sie in einen Korb legen und an den Ort hingehen, den der HERR, dein Gott, erwählen wird, um seinen Namen dort wohnen zu lassen..."

Deuteronomium 26: 1-2

" Und du sollst das Fest der Wochen halten mit den Erstlingen der Weizenernte, und das Fest der Einsammlung, an der Wende des Jahres."

Exodus 34:22

In der Diaspora feiern Juden es für zwei Tage. Der christliche Feiertag Pfingsten fällt immer auf den 7. Sonntag nach Ostern.

Das hebräische Wort für *Shavuot* bedeutet "Wochen" und bezieht sich auf die Zählung von sieben Wochen ab dem zweiten Tag des Pessach (Passah) Urlaubs. Diese Periode heißt das "*Omer*-Zählen". *Shavuot* ist das einzige Pilgerfest, von dem die Bibel kein bestimmtes Datum zum Feiern vorgibt.

Verschiedene Namen von *Shavuot*

- *Chag Shavuot* (Fest der Wochen)
- *Chag ha Katsir* (Ernteurlaub)
- *Jom ha Bikkurim* (Tag der ersten Früchte)
- *Pentecost* - Pfingsten (griechisch für 50)

Etwa sieben Wochen nach ihrer Abreise aus Ägypten erhielten die Israeliten die *Tora* auf dem Berg Sinai. Bei ihrer Ankunft im versprochenen Land, 40 Jahre später, wurde *Shavuot* mit der Getreideernte verbunden. Die Erntezeit beginnt an *Pessach* mit der Gerste ernte und endet mit der Weizenernte bei *Shavuot*. Die Erntezeit war in der Regel eine Freude.

In der Antike brachten jüdische Bauern ihre ersten Früchte in das Tabernakel in Shilo. In der ersten und zweiten Tempelzeit brachten sie ihre Körbe zum Tempel in Jerusalem. *Bikkurim* (erste Früchte) mussten von den "sieben Arten" sein - Weizen, Gerste, Trauben, Feigen, Granatäpfel, Oliven und Datteln. (Deuteronomium 8: 7-8)

Als die erste Frucht erschien, band der Bauer ein Schilf um die Frucht und erklärte: *"Das ist eine erste Frucht."* Vorbereitet, um nach Jerusalem zur Pilgerfahrt zu gehen, legten die Reichen ihre Früchte in goldene oder silberne Körbe, während die Armen Körbe aus geschälten Weidentrieben nutzten.

Ochsen zogen Karren, die mit den Körben schwer beladen waren. Die Hörner der Tiere waren vergoldet und mit Blumenblumen geschnürt. Aus dem ganzen Land reisten die Leute zu den besagten Städten, wo ein örtlicher Vorstand für die Pilger verantwortlich war. Um nicht rituell unrein zu werden, gingen die Leute nicht in die Häuser, sondern schliefen auf den Straßen. Im Morgengrauen machten sich die Pilger zusammen - in Richtung Jerusalem, tanzten und sangen: *"Ich freue mich an denen, die zu mir sagen: Laßt uns zum Haus des Herrn gehen."* Psalm 122: 1. Beim Betreten der Stadt würden die Pilger freudig singen: *"Nun stehen unsere Füße in deinen Toren, Jerusalem!"* Psalm 122: 2.

Jerusalemiten begrüßten sie mit: *"Unsere Brüder aus ..., willkommen und Frieden zu dir!"* Die Körbe auf den Schultern tragend, (auch der König mußte seinen eigenen Korb tragen), präsentierten die Leute den Priestern ihre Opfergaben. Als ein Pilger seinen Korb dem Priester vorstellte, musste er rezitieren: *"Mein Vater war ein umherirrender Aramäer.."* Deuteronomium 26: 5 Die Körbe wurden Eigentum des Priesters und der Leviten, die die "Erstgeborenen" Söhne der Israeliten darstellten. Stehend nebeneinander, reich und arm, freute sich über all die guten Dinge, die der HERR, ihr Gott, ihnen und ihren Haushalten gegeben hatte. (Siehe Deuteronomium 26:11)

Bikkurim hat die gleiche Wurzel wie *Bechor* (erstgeboren). Das erste von allem gehörte Gott - Mann und Tier gleichermaßen. Israel war Gottes "Erstgeborener", und in Anerkennung seines Besitzes an dem Land und seiner Souveränität über die Natur mussten ihm zuerst das erste Getreide und die Früchte angeboten werden.

Im Tempel boten die Leviten den Weizen in feines Mehl, aus dem säuerliche "Zwillingsbrote" von den Priestern gebacken und gegessen wurden. Dies war das einzige Mal, dass Sauerteig verwendet wurde, denn alle anderen Getreideopfer mussten geopfert und verbrannt werden.

Während *Shavuot* wurden Trompeten und Flöten vor dem Altar gespielt.
"Aber an euren Freudentagen, es sei an euren Festen oder an euren Neumonden, sollt ihr in die Trompeten stoßen bei euren Brandopfern und euren Friedensopfern, damit an euch gedacht wird vor eurem Gott[...]" Numeri 10:10

Nach der Zerstörung des Ersten und Zweiten Tempels verlagerte sich der Schwerpunkt auf den Jahrestag des Erhaltens der *Tora* auf dem Berg Sinai. Weil die ersten Früchte nicht mehr angeboten werden konnten, schlug Rabbis vor, sie mit Wohltätigkeit zu ersetzen. Im Mittelalter wurde es Tradition, die formale jüdische (religiöse) Erziehung von Kleinkindern um die Zeit von *Shavuot* zu beginnen.

Das Buch der Jubiläen (auch Leptogenese genannt, die "kleinere Genesis") ist parallel zur Genesis und Teilen von Exodus. Zwischen 1947 und 1956 wurden in Qumran fünfzehn hebräische "Jubiläumsrollen" gefunden. Wahrscheinlich zwischen 135-105 v. Chr. Geschrieben, waren diese Schriftrollen von frühchristlichen Schriftstellern und Rabbinern bekannt.

Das Buch der Jubiläen asso-ziiert *Shavuot* mit dem Bund und der Tora und den Bündnissen, die Gott mit Noah und Abraham als Op-fer von ersten Früchten gemacht hat. Orientalisch-orthodoxe Kirchen betrach-ten das Buch der Jubiläen immer noch als einen wichtigen Teil der Bibel. Das Buch verfolgt den ersten *Shavuot* zum Erscheinen des ersten Regenbogens zurück - der Tag, an dem Gott einen Bund mit Noah machte. Andere Apokryphenbücher, Tobit und II Makkabäer, erwähnen auch das "Fest der Wochen".

Moderne (Ashkenazi) *Shavuot* Feiern

Laut diesem Strom im Judentum:
Tora muss *reshit* (zuerst) sein. Dies ist mit ei-nem Satz von Bräuchen verbunden, deren erste Buchstaben das Wort "*acharit*" (letztes) bilden. So gibt es:

1. *Akdamot*
2. *Chalav* (Milch)
3. Ruth
4. *Yerek* (Grün)
5. Tora

1. ***Akdamot*** - ein liturgisches Gedicht, in der Synagoge gelesen. Es wurde geschrieben von Rabbi Meir Bar Yitzchak von Worms (Deutschland), dessen Sohn während des Kreuzzugs von 1096 ermordet wurde.
2. ***Chalav*** - Milch. Die Rabbiner schlussfolger-ten, dass weil die Israeliten keine Zeit hatten, Fleisch für *Shavuot* vorzubereiten, sie nur Milchprodukte verbrauchten. Es ist eine beliebte Sitte, Käsekuchen und *Blint-zes* (Pfannkuchen mit Käse gefüllt) während *Shavuot* zu essen.

3. **Ruth.** Nach dem Morgengottesdienst wird die Schriftrolle von Ruth in Synagogen gele-sen, weil sie die Ernteperioden beschreibt und wie Ruth ein Mitglied des jüdischen Volkes wurde, indem sie die *Tora* annahm. Konvertierungen zum Judentum werden zu dieser Zeit geehrt. Tradition erzählt uns, dass König David (Form der Linie von Boaz und Ruth) auf *Shavuot* geboren wurde und auch dort starb. Viele Menschen besuchen sein Grab auf dem Berg Zion in Jerusalem während des Urlaubs.
4. ***Yerek*** - Grün. Häuser und Synagogen sind mit viel Grün eingerichtet. Die *Bimah* * (Plattform), wo die *Tora* Lesungen stattfin-den, sieht jetzt wie ein Chuppa * (Hochzeitsdach). Mose, der Heiratsvermitt-ler, brachte das jüdische Volk (Braut) zum *Chuppa* (Berg Sinai), um den Bräutigam zu heiraten (Gott). Die *Tora* war die *Ketuba*h * (Hochzeitsvertrag).
5. **5. Tora-Studie.** Der Brauch der ganz-nächtlichen Tora Studie wurde im Jahre 1533 von einem griechischen kabbalisti-schen Rabbiner initiiert. Stündliche Fächer werden von einem anderen Lehrer gelehrt und "die Nacht vergeht wie ein Traum". Morgengebet werden mit dem ersten Licht aufgesagt, gefolgt von dem Singen der Zehn Gebote. Zu Ehren von König Davids Geburt und Tod auf *Shavuot,* werden seine Psalmen auch gelesen.

In den 1890er Jahren wurden säkulare *Shavuot*-Feiern von den Kibbuzim (kollektive Bauern-höfe) eingeführt. Als landwirtschaftliche Gemeinden wurden die ersten Früchte des Erzeugnisses jedes Kibbuz der Gemeinde und den Gästen in einer festlichen Zeremonie vorgestellt. Später erhielten die Fabrikprodukte in den Paraden einen Ehrenplatz. Aber das Highlight war immer (und immer noch), wenn die Eltern stolz ihre "Ernte" von Neugeborenen an die Gemeinde präsentieren.

Das Land Israel,
Der Segen seines Bodens
Umarmte die Heimat des Juden
Wo immer er wohnte.

Abba Kovner

Das Fasten am Siebzehnten von *Tammuz (Shiv'ah Asar b'Tammuz)* ist in der Regel Ende Juni, Anfang Juli. Der kleine Fastentag erinnert an die Zerstörung der Zehn Gebote durch Mose; Es klagt auch den Bruch der Mauern von Jerusalem vor der Zerstörung des zweiten Tempels. Es markiert den Beginn der dreiwöchigen Trauerzeit, die bis zu *Tisha B'Av* führt.

KAPITEL 17

Tisha b'Av - Der Neunte Av

Der 9. Tag von *Av* fällt normalerweise in die Mitte des Sommerurlaubs, im August.
An diesem feierlichen Tag gedenkt das jüdische Volk der Zerstörungen ihrer Tempel durch 24 Stunden Fasten und Beten. In Israel sind die meisten Restaurants und Orte der Unterhaltung an diesem Tag geschlossen.

Im Laufe der Jahrhunderte war *Tisha b'Av* ein schwarzer Tag in der jüdischen Geschichte.
Die *Mishnah* nennt spezifische Ereignisse, die stattgefunden haben:

♦ An diesem Tag kehrten die zwölf Spione zu Mose zurück; Zehn von ihnen mit schlechten Nachrichten über das gelobte Land.

♦ In 586 v.Chr. Zerstörte Nebukadnezar den Tempel von Salomo und schickte die Judäer ins babylonische Exil.

♦ In 70 n. Chr. Wurde der zweite Tempel von den Römern zerstört, und die Leute in Judäa zerstreuten sich. Es hat den Anfang des jüdischen Exils aus *Eretz Israel* angekündigt.

♦ 135 AD wurde Bar Kochbas Aufstand gegen die Römer zermalmt und Betar zerstört.

♦ In späteren Jahren wurden mehr *Tisha b'Av* Katastrophen der Liste der Gedenken hinzugefügt.

An diesem Tag:
♦ Alle Juden wurden 1290 aus England vertrieben

♦ Die Juden aus Spanien wurden im Jahre 1492 vertrieben.

♦ Das gleiche Schicksal erwartete die Juden aus Wien, deren Wende 1670 kam.

♦ Der Weltkrieg begann offiziell am 9. von *Av* im Jahre 1914, als Deutschland den Krieg gegen Russland erklärte.

In der Zeit zwischen dem 17. *Tammuz* (Juli) bis zum 9. von *Av* (August) essen die religiösen Juden kein Fleisch, trinken keinen Wein (außer für den *Sabbat)*, tragen keine neuen Kleider und planen keine glücklichen Ereignisse, Wie Hochzeiten und Haus Weihen. Die 25 Stunden Fasten beginnen bei Einbruch der Dunkelheit am 9. von *Av*.

In der Synagoge ist die Arche, die die *Tora*-Rollen trägt, in schwarz drapiert und die Lichter sind abgeblendet. Nur Socken oder Pantoffeln tragend, keine (Leder) Schuhe, sitzen die Leute auf dem Boden oder auf niedrigen Hockern. Wie wahre Trauernde grüßen sie sich nicht mit "*Shalom*".
Tora-Studie ist verboten, denn das gilt als eine freudige Aktivität. Während dieses Fastentages wird das Buch der Klagelieder Jeremias, Hiob und Teile von Jeremia in der Synagoge gelesen. Spezielle Trauergebete, *kinot* (geschrieben im Mittelalter) werden auch rezitiert.

Orthodoxe Juden glauben, dass, wenn Messias kommt, *Tisha b'Av* ein Tag der Feier statt der Trauer sein wird.

> *"So spricht der HERR der Heerscharen:" Das Fasten im vierten und das Fasten im fünften und das Fasten im siebten und das Fasten im zehnten Monat wird dem Haus Juda zur Freude und Wonne werden und zu fröhlichen Festtagen. Liebt ihr nur die Wahrheit und den Frieden!"* Sacharja 8:19

Ein religiöser Jude wird sein altes Gebetsbuch niemals wegwerfen oder eine *Tora* Rolle verwerfen. Diese werden in einem besonderen Ort (*Geniza* *) gehalten und sind in der Regel auf *Tisha b'Av* begraben. Fragmente wie diese, die zu heilig sind, um als Müll verworfen zu werden, werden in einer *Geniza* gespeichert.

KAPITEL 18

Tu b'Av

Tu b'Av, der 15. (*Tet* = 9, *Vav* = 6; 9 + 6 = 15) des hebräischen Monats von *Av,* ist einer der weniger bekannten Feiertage im jüdischen Kalender. Es hat seit der Gründung des Staates Israel an Popularität gewonnen.

Kommt weniger als eine Woche nach der traurigen Trauer von *Tisha b'Av,* ist *Tu b'Av* der jüdische Feiertag der Liebe. Wie *Chanukka, Purim* und *Tisha b'Av,* ist es ein rabbinischer (postbiblischer) Zusatz zum Feiertagskalender. *Tu b'Av* tritt bei Vollmond auf und ist daher mit Liebe, Fruchtbarkeit und Romantik verbunden.

Die erste Erwähnung von *Tu b'Av* ist in der *Mischna* *, wo es heißt: *"Es gab keine besseren Tage für das Volk von Israel als das Fünfzehnte von Av und Jom Kippur, da an diesen Tagen die Töchter von Jerusalem ausgezogen sind. Weiß und Tanz in den Weinbergen. Was sie sagten: Junger Mann, überlegen Sie, wen Sie wählen (um Ihre Frau zu sein)."* (Taanit 4: 8). Laut Rabban Shimon ben Gamliel (10 v.Chr. - 70 n.Chr.), waren an diesem Tag die *"Stämme von Israel erlaubt, sich miteinander zu vermischen".* Der Urlaub wurde in der zweiten Tempel-Ära eingeleitet, um den Beginn der Traubenernte zu markieren, die auf *Jom Kippur* endete.

Der Talmud erwähnt andere *Tu B'Av* Gedenken:

- Am 14. oder 15. von *Av* waren die Pharisäer (rabbinische Juden) über die Sadduzäer siegreich.
- Mitglieder des Stammes Benjamin wurden in die Gemeinde aufgenommen.
- Der Tod der Generation, die Ägypten verließ, endete.

- König Hosea, des nördlichen Königreichs, entfernte die Beschränkungen des Königs Jerobeam und verbot den Nordhern, Wallfahrten nach Jerusalem zu machen.
- Die Römer erlaubten den Juden, ihre Toten zu begraben, die in Beitar gefallen waren.

In biblischen Zeiten wurden die Bräute in Shiloh getanzt, eine Gemeinde in Samaria, die die erste Hauptstadt Israels war.

Heute sind die Juden zu den Weinbergen von Shilo zurückgekehrt. Wiederum tanzen unverheiratete Mädchen in den von Lied gesättigten Weinbergen. *Tu b'Av,* der Tag der Liebe, ist ein beliebtes Datum für jüdische Hochzeiten. Obwohl es ein regulärer Arbeitstag ist, werden Musik- und Tanzfeste im ganzen Land abgehalten. Israelis senden Karten und Blumen an ihre Lieben. Diese Bräuche werden von allen Teilen der israelischen Gesellschaft beobachtet, egal ob sie sich als religiös oder nicht religiös sehen.

GUT ZU WISSEN

Die Gemeinde von Shilo in Samaria beherbergt besondere Veranstaltungen während *Tu B'Av,* unter Anderem die Wanderungen nach Tel Shiloh, der Stelle, wo die Tabernakel stand.

KAPITEL 19

DIE HOHEN HEILIGEN TAGE

*"Rede zu den Kindern Israels und sprich:
Im siebten Monat, am ersten des Monats, soll
ein Ruhetag für euch sein, ein Gedenken unter
Hörnerschall, eine heilige Versammlung."*
Leviticus 23: 24-25

Der hebräische Monat *Elul* (August / September) ist der Monat der "Hochheiligen Tage".
Die Periode zwischen *RoschhaShana* (Jüdisches Neujahr) und *Jom Kippur* (Tag der Sühne) wird auch "die zehn Tage der Ehrfurcht" genannt, wegen der Notwendigkeit der Selbstbeobachtung und der Umkehr.

RoschhaShana (lit. Kopf des Jahres) verkündet den hebräischen Monat von *Tishrei* (September / Oktober) *Tishrei* ist aramäisch für "beginnen". Es wird für zwei Tage gefeiert und wird als Tag des Gerichts gesehen. Am ersten Tag findet das *Taschlich*-Ritual statt, in dem "Sünden" symbolisch in offenes Wasser gegossen werden. Menschen werfen auch Brot und Kiesel.

RoschHaShana ist ein Ruhetag, wie der *Sabbat.*
Der Klang des *Schofars* * (Hammershorn) soll die Menschen aus ihrem "Schlummer" wecken und sie auf das kommende Urteil aufmerksam machen. Die Tage der Umkehr beginnen mit *RoschhaShana* und finden ihren Höhepunkt an *Jom Kippur*. Religiöse Juden glauben, dass, obwohl das Urteil auf *RoschhaShana* ausgesprochen wird, während der folgenden zehn Tage sie ihre Wege ausbessern und das Urteil zu ihren Gunsten ändern können. (Das ist der Grund, warum die Leute extra nett zueinander sind.)

In den Wochen vor dem Urlaub grüßen sich die Leute mit *"Shana Tova"* (Ein gutes Jahr) oder *"Shana Tova uMetuka"* (Ein gutes und süßes Neujahr). Oft fügen sie *"Gmar Chatima Tova"* hinzu (mögen Sie in das Buch des Lebens eingeschrieben werden), bezogen auf das kommende *Jom Kippur,* Tag der Sühne.

Apfel und Honig, symbolisiert das süße Neujahr ist immer Teil der Urlaubsküche. Andere symbolische Nahrung ist ein Fischkopf ("Kopf" des neuen Jahres) und eine runde *Challah,* um den Jahreszyklus zu symbolisieren).

In alten Zeiten war *RoschhaShana* der Beginn des Wirtschaftsjahres. Der Schwerpunkt lag auf den landwirtschaftlichen Jahreszeiten und den Pilgerfesten (*Pessach, Shavuot* und *Sukkot*). In jenen Tagen wurde es nur für einen Tag gefeiert, statt des modernen zweitägigen Urlaubs.

RoschhaShana wird als der Jubiläum der Schöpfung Gottes gesehen. An diesem Tag geht die Menschheit vor dem Schöpfer, wie Schafe vor dem Hirten. Drei Bücher sind geöffnet - das Buch des Lebens, das die Gerechten versiegelt, die leben werden; Die Bösen sind aus dem Buch des Lebendigen ausgelöscht (siehe Psalm 69:29), während die "dazwischen" bis *Jom Kippur* umkehren und gerecht werden.

SEFER HACHAIM - DAS BUCH DES LEBENS

„Da sprach der Herr zu Mose: Ich will den aus meinem Buch tilgen, der gegen mich sündigt!" Exodus 32:33

Im Judentum (und Christentum) ist das Buch des Lebens (*Sefer Hachaim*) das Buch, in dem Gott die Namen jeder Person, die für den Himmel bestimmt ist, aufzeichnet. Laut dem Talmud wird das Buch des Lebens auf *Rosch-Haschanah* zusammen mit dem Buch der Toten geöffnet, wo die Namen der Bösen aufgezeichnet werden. Viele alttestamentliche Referenzen werden dem Buch des Lebens gegeben. Aus Gottes Buch des Lebens zu töten, bedeutet den Tod.

Der Psalmist spricht von dem Buch des Lebens, in dem nur die Namen der Gerechten geschrieben sind: *„Füge Schuld zu ihrer Schuld, und laß sie nicht zu deiner Gerechtigkeit gelangen! "* Psalm 69:28 Sogar die Tränen der Menschen sind in diesem Buch Gottes aufgezeichnet: *"Du zählst, wie oft ich fliehen muß; sammle meine Tränen in deinen Schlauch! Stehen sie nicht in deinem Buch?"* Psalm 56:9

Das Buch des Lebens ist wahrscheinlich identisch mit dem Buch der Erinnerung, in dem die Taten derer, die den Herrn fürchten, aufgezeichnet werden.
Das Buch der Jubiläen 30: 20-22, spricht von zwei himmlischen Tafeln oder Büchern: *"... ein Buch des Lebens für die Gerechten und ein Buch des Todes für diejenigen, die auf den Wegen der Unreinheit wandeln und auf die himmlischen Tafeln als Gegner (von Gott) niedergeschrieben werden"*.

Im Neuen Testament wird das Buch des Lebens auf sechs Male bezogen.

"Und wenn jemand nicht im Buch des Lebens eingeschrieben gefunden wurde, so wurde er in den Feuer See geworfen." Offenbarung 20:15.

"Und ich sah die Toten, Kleine und Große, vor Gott stehen, und es wurden Bücher geöffnet, und ein anderes Buch wurde geöffnet, das ist das Buch des Lebens; und die Toten wurden gerichtet gemäß ihren Werken, entsprechend dem, was in den Büchern geschrieben stand." Offenbarung 20:12

ROSCH HASHANA

Das Wort *RoschhaShana* wird in der *Tora* nicht erwähnt. Leviticus 23:24 nennt es *"Tag der wehenden Hörner (shofarim)"*.
Hesekiel 40: 1 nennt es *"den Anfang des Jahres"*; Während sie in der rabbinischen Literatur sie *"Tag des Urteils"* und *"Tag der Erinnerung"* nennen.

UNTERSCHIEDLICHE "NEUE JAHRE"

◊ 1. *Nissan* (März / April) - "Biblisches Neujahr" nach dem Exodus aus Ägypten. Bestimmt die Länge der Herrschaft eines Königs und Beginn des kirchlichen Kalanders.

◊ 1. *Elul* (August / September) - Anfang des Jahres zum Zehnten von Tieren für den Tempel. 1. von *Shevat* (Januar / Februar) - dies später in den 15. (*Tu BeShevat*) geändert und wurde das "Neujahr der Bäume" genannt. Berechnungen wurden für den Zehnten der Fruchternte durchgeführt.

◊ 1. *Tishrei* (September / Oktober) - Zivilhebräischer Kalender und Beginn der rechtlichen Verträge.

◊ 1. Januar - Neujahr auf dem Gregorianischen Kalender.

SCHOFAR

In biblischen Zeiten kündigte das Klingen des *Schofars* den Beginn eines *Rosch Chodesh* (neuer Monat) an. Es wurde auch als Warnzeichen der Gefahr verwendet und um die Einweihung eines neuen Königs zu verkünden. Der Schofar ist symbolisch für Abrahams Opfer Isaaks, in dem der Widder zum Ersatzopfer wurde. Das gebogene Horn symbolisiert die Verbeugung des Mannes in der Unterwerfung vor Gott. An beiden Tagen von *RoschhaShana* ist der *Schofar* 100 Mal in der Synagoge geblasen und hat drei verschiedene Klänge:

♦ *Shevarim* - ähnelt Schluchzen
♦ *Teruah* - neun Stakkato-Noten, die dem Klagen ähneln
♦ *Tekiah* - ununterbrochener langer Klang

Viele orthodoxe Männer tragen ein *Kittel* * (Jiddisch). Dieses weiße Gewand wird auch von einem Bräutigam getragen, was die Reinheit symbolisiert. Das gleiche Gewand wird oft als Grabhülle verwendet. (Jesaja 1:18 sagt: *"Wenn eure Sünden wie Scharlach sind, sollen sie weiß werden wie der Schnee."*) Es ist eine Erinnerung an die weiße Leinenrobe, die der Hohepriester während der Tempelzeremonien trug.

Die Leute besuchen die Gräber der Lieben und beten für ein gutes Jahr.

Tzedekah * (Wohltätigkeit) ist ein Weg des jüdischen Lebens und ein integraler Bestandteil von *Jom Kippur*. Vor allem während der Ferienzeit spenden die Leute Geld für viele gemeinnützige Organisationen.

Rosch Haschanah Segnungen

"Möge es dein Wille sein, Herr, unser Gott und der Gott unserer Väter, dass wir mit Mitzwot wie ein Granatapfel gefüllt werden."

"Möge es dein Wille sein, Herr, unser Gott und der Gott unserer Väter, dass du für uns ein Jahr gut und süß wie Honig erneuerst."

Der *Rosch Haschana Seder* wird am Anfang des *Rosch Haschana* Abends durchgeführt. Das Ziel des Seder ist es, denen am Tisch zu helfen, sich der Reue näher zu bewegen. Bevor jedes Essen gegessen wird, wird ein bestimmtes Gebet rezitiert. Auf einer speziellen Platte sind speziell ausgewählte Lebensmittel, deren hebräische Namen mit anderen hebräischen Worten verwandt sind, die Wünsche für das kommende Jahr vermitteln.

- Datteln - "Mögen unsere Feinde verbraucht werden."
- Augenbohnen - "Mögen unsere Verdienste sich vermehren."
- Lauch - "Mögen unsere Feinde dezimiert werden."
- Rüben - "Mögen unsere Gegner entfernt werden."
- Kürbis - "Möge der Herr unseren bösen Satz zerreißen."
- Granatapfel - "Mögen wir mit *Mitzwot* wie der Granatapfel (der mit Samen gefüllt ist) gefüllt werden."
- Apfel (gekocht in Zucker) und Honig - "Möge der Herr für uns ein gutes und süßes Jahr erneuern."
- Kopf eines Schafs / Widders oder eines Fisches - "Mögen wir der Kopf und nicht der Schwanz sein."

GEDANKEN AN *TSEDEKAH* - Nächstenliebe

⇒ Ein Mensch muss gewissenhaft sein, das Gebot zu erfüllen, um Wohltätigkeit zu geben, denn das ist das Zeichen eines Nachkommens Abrahams.

⇒ Israel wird durch Handlungen der Nächstenliebe erlöst werden.

⇒ So groß ist das Gebot der Nächstenliebe, noch größer ist ein anderer, um Wohltätigkeit zu geben.

⇒ Wohltätigkeit ist eines der Dinge, deren Gewinne der Mensch in dieser Welt genießt, aber dessen Hauptsache für die kommende Welt bleibt.

⇒ Wohltätigkeit ist gleich alle anderen Gebote kombiniert.

⇒ Jeder sollte Nächstenliebe geben; Auch wer von der Nächstenliebe abhängt, soll denen geben, die noch weniger glücklich sind.

⇒ Es ist besser, keine Wohltätigkeit zu geben, als dies zu tun und den Empfänger öffentlich zu beschämen.

⇒ Wer den Armen großzügig ist, macht dem Herrn ein Darlehen. Niemand ist jemals verarmt, indem er Wohltätigkeit gibt.

⇒ Erleichterung nicht einen Bettler: Gott ist neben ihm.

TASCHLICH Zeremonie

Tashlich ist eine langjährige jüdische Praxis, die noch am ersten Nachmittag von *Rosch Haschana* durchgeführt wird. Wenn es auf einen *Sabbat* fällt, wird die Zeremonie auf den nächsten Tag verschoben. Der Brauch wird aus Micha 7,18-20 abgeleitet: *„Wer ist ein Gott wie du, der die Sünde vergibt und dem Überrest seines Erbteils die Übertretung erläßt, der seinen Zorn nicht allezeit festhält, sondern Lust an der Gnade hat? Er wird sich wieder über uns erbarmen, unsere Missetaten bezwingen. Ja, du wirst alle ihre Sünden in die Tiefe des Meeres werfen! Du wirst Jakob Treue erweisen und an Abraham Gnade üben, wie du unseren Vätern von den Tagen der Vorzeit her geschworen hast.“*

Obwohl *Taschlich* im Talmud nicht erwähnt wird, erscheint in Nehemia 8: 1: *"da versammelte sich das ganze Volk wie ein Mann auf dem Platz vor dem Wassertor"*.
Diese Versammlung findet gewöhnlich an *Rosch Haschanah* statt.

Taschlich wird sie am ersten Tag von *Rosch Haschana* durchgeführt, kann aber bis *Hoshanah Rabba* (der letzte Tag von *Sukkot*) durchgeführt werden, außer am *Sabbat*. Spezielle Verse werden neben einem Wasser, wie ein Meer, Fluss, Bach, See oder Teich, vorzugsweise eins mit Fischen, rezitiert. Wenn dies nicht verfügbar war, tun einige Rabbiner *Tashlich* neben einem Brunnen, sogar einem, der ausgetrocknet ist, oder neben einem Eimer Wasser.

Die Männer schütteln die Ecken des *Tallit katans* oder die Taschen ihrer Mäntel oder Hosen aus.

Das Ziel von *Taschlich* ist es, sowohl ihre Sünden als auch den himmlischen Staatsanwalt (Satan) ins Himmlische Meer zu werfen. Seine Kleider nach dem *Taschlich*-Gebet auszuschütteln ist ein greifbarer Akt, um das spirituelle Ziel zu erreichen, die Sünden von ihren Seelen zu schütteln.

Die Praxis variiert in verschiedenen Ländern. Z.B. Juden in Kurdistan betreten das Wasser, um von Sünden gereinigt zu werden. Polnisch Chassidim pflegten, Strohschwimmer in das Wasser zu legen und sie aufzurütteln. Sie glaubten, ihre Sünden wurden symbolisch weggetragen und verbrannt.

Tsom (Fasten von) Gedalia

"Es geschah aber im siebten Monat, da kam Ismael, der Sohn Netanjas, des Sohnes Elischamas, von königlichem Geschlecht, und zehn Männer mit ihm; und sie schlugen Gedalja tot, dazu die Juden und die Chaldäer, die in Mizpa bei ihm waren. Da machte sich das ganze Volk, klein und groß, mit den Heerführern auf, und sie zogen nach Ägypten; denn sie fürchteten sich vor den Chaldäern." 2. Könige 25: 25-26.

Tsom Gedalya (Fasten von Gedalia), am 3. *Tishrei* (nach *RoschhaShana),* soll die Ermordung des rechtschaffenen Gouverneurs von Juda-Gedalia beklagen. Dieses tragische Ereignis beendete die jüdische Herrschaft nach der Zerstörung des ersten Tempels. (Siehe Jeremia 41.)

KAPITEL 20

Jom Kippur - Tag der Sühne

"Und der HERR redete zu Mose und sprach: Am zehnten [Tag] in diesem siebten Monat ist der Versöhnungstag, der soll euch eine heilige Versammlung sein; und ihr sollt eure Seelen demütigen und dem HERRN ein Feueropfer darbringen; und ihr sollt an diesem Tag keine Arbeit verrichten, denn es ist der Versöhnungstag, um Sühnung für euch zu erwirken vor dem HERRN, eurem Gott." Leviticus 23: 26-28

Jom Kippur fällt auf den 10. *Tishrei* (normalerweise September / Oktober).

Während der Tempelzeit, eine Woche vor *Jom Kippur,* ging der *Cohen Hagadol* (Hoher Priester) in seiner Kammer im Tempel zu leben, um sich geistig und körperlich für diesen heiligen Tag vorzubereiten. An *Jom Kippur* sollte er für alle Juden in der Welt Sühne machen. Dies war die einzige Zeit des Jahres, in dem er das Heilige der Heiligen betrat. Während der *Avodah* (lit. Arbeit, der Tempeldienst) musste der Hohepriester seine Kleider fünfmal wechseln - jedes Mal ein anderes Kleidungsstück. Er trat auch fünfmal in den *mikveh* * ein, wusch seine Hände und Füße zehnmal, opferte zwei Lämmer, einen Stier, zwei Ziegen und zwei Widder. Er bot Mahlzeit und Wein trank an und machte drei Räucherstäbchen. An diesem Tag musste er härter arbeiten als alle Priester und Leviten, die im Dienst waren.

Heute tauchen orthodoxe jüdische Männer am Tag vor *Jom Kippur* in das *mikveh* * (Ritualbad) ein. Die ultra-orthodoxen (Haredim) haben eine Sitte namens *Kapparot* * am Morgen vor *Jom Kippur*. Während er die Bibelverse in Bezug auf die Erlösung rezitiert, wird ein Lebendvögel über den Kopf geschwungen. Das Geflügel wird dann den Armen gegeben.

Viele Rabbiner lehnen diesen abergläubischen Brauch ab. (Ein Kreis ist wie ein Zauberring, um böse Geister abzuwehren.)

Am frühen Nachmittag sind alle jüdischen Geschäfte und Geschäfte geschlossen, und der Verkehr kommt praktisch still. Die Ampel hört auf zu arbeiten und es gibt kein nationales Radio oder Fernsehen. Auch der internationale Flughafen von Ben Gurion schließt seinen Luftraum für alle Flugverkehr am frühen Nachmittag. Etwa vier Stunden nach dem Ende des Urlaubs eröffnet der Flughafen für internationale Ankünfte. Abfahrten beginnen eine Stunde später. Ebenso sind alle Häfen und Grenzübergänge in und aus dem Land in der Nähe des Urlaubs. Als Sicherheitsmaßnahme sind die Kreuzungen in Gaza, Judäa und Samaria auch bis zum Ende dieses heiligsten Tages des Jahres geschlossen.

Kurz vor Sonnenuntergang füllen sich die Straßen mit Menschen, die zu den nahe gelegenen Synagogen gehen. Kinder mit Fahrrädern oder Skateboards übernehmen die Hauptstraßen.

In Synagogen um die Welt singt der Kantor die aramäische *Kol Nidrei* * (alle Gelübde). Dieses Gebet stammt aus der posttalmudischen Zeit und die Musik ist Mitte des 15. bis 16. Jahrhunderts in Süddeutschland komponiert.

"Möge das ganze Volk Israel vergeben werden, einschließlich aller Fremden, die in ihrer Mitte leben, denn alle Leute sind in Schuld ..."

Durch die "Kol Nidrei" bitten die Menschen um Gott Vergebung für Gelübde, die sie zu Gott und Menschen gemacht haben, aber nicht durchführen konnten. "Al Chet" ist das große Bekenntnis der Sünden.

Während des Mittelalters ersetzten deutsche Juden die *Kol Nidrei* mit Psalmenrezitationen, weil Antisemiten sie beschuldigten, nicht vertrauenswürdig zu sein. Der Glaube, dass jüdische Eide wertlos waren, spornte viele Pogrome an.

Während der spanischen Inquisition, als Juden gewaltsam zum Christentum bekehrt wurden, wurde diese rührende und eindringliche Melodie noch wichtiger.

Der Tag der Sühne ist der Höhepunkt des sogenannten *Yamim Nora'im* * (Tage der Ehrfurcht). Als Symbol der Reinheit tragen viele Juden weiße Kleidung und gehen entweder auf Plastikschuhen oder Hauspantoffeln, solange sie nicht aus Leder sind. Viele Menschen verbringen die meisten von *Jom Kippur* in der Synagoge, wo fünf Gebetsdienste von Litaneien und Petitionen der Vergebung gefolgt sind.

Während des ganzen Tages werden die folgenden Schriften in der Synagoge gelesen:

- Leviticus 16: 1-34
- Zahlen 29: 7-11
- Leviticus 18: 1-30
- Jesaja 57: 14-58: 14
- Micha 7: 8-20
- Das Buch von Jona

Sogar viele nicht-religiöse Juden versuchen, die 25 Stunden zu fasten. Während dieses heiligsten Tages des jüdischen Jahres verdreifacht sich die Synagoge in der Regel.

Wenn die Sonne untergeht, treibt es Viele zur Synagoge für das Gebet der *Ne'ilah* *, nach der das *Schema Israel* rezitiert und der *Schofar* geblasen wird. Dies symbolisiert die Schließung der Bücher Gottes, in denen die Namen für diejenigen geschrieben werden, die im nächsten Jahr leben oder sterben werden. Viele Jahrhunderte lang war es üblich, das Ende von *Jom Kippur* zu verkünden, indem er den Schofar an der Westmauer in Jerusalem wehte. Dieser Brauch wurde 1967 neu eingeführt, als Jerusalem wieder vereinigt wurde.

Die meisten Leute brechen *Jom Kippur* Fasten mit einer festlichen Mahlzeit. Bald ist das Geräusch von Hämmern überall in der Stadt zu hören, wenn viele religiöse Juden beginnen, ihre *Sukkah* * (Tabernakel) für das Fest der Tabernakel zu bauen.

SHEMA YISRAEL - HÖRE, [O] ISRAEL

Das "*Shema Yisrael*", das oft zum "*Shema*" verkürzt wird, ist ein Gebet, das als Herzstück der morgendlichen und abendlichen jüdischen Gebetsdienste dient. *Shema Yisrael* besteht aus Deuteronomium 6: 4-9; 11: 13-21 und Numeri 15: 37-41.

> " *Das erste Gebot unter allen ist: »Höre, Israel, der Herr, unser Gott, ist Herr allein; und du sollst den Herrn, deinen Gott, lieben mit deinem ganzen Herzen und mit deiner ganzen Seele und mit deinem ganzen Denken und mit deiner ganzen Kraft!« Dies ist das erste Gebot.*"
> **Markus 12:29-30**

Die drei Teile beziehen sich auf zentrale Fragen des jüdischen Glaubens. Das "*Schema*" ist eines der alttestamentlichen Sätze, die im Neuen Testament zitiert wurden.

- *Shema* - hören, hören und tun oder akzeptieren
- *Israel* - Israel, im Sinne des Volkes oder der Gemeinde Israels
- *Adonai* - oft übersetzt als "LORD" und las anstelle von JHWH
- *Eloheinu* - der mehrere 1. Besitzer von Elohim (unser Gott).
- *Echad* - die Kardinal Nummer eins

Praktizierende Juden lehren ihre Kinder, das "*Schema*" zu sagen, bevor sie nachts schlafen gehen.

Als der berühmte Rabbi Akiva zu Tode gefoltert wurde, rezitierte er das Schema und benutzte seinen letzten Atem, um "*Echad*" zu sagen. Seitdem ist es Tradition für die Juden, das *Schema* zu rezitieren, wenn sie wissen, dass sie sterben werden.

KOL NIDREI - ALLE REIHEN

Alle Gelübde, Verbote, Bannsprüche, Umschreibungen und alles was dem gleicht, Strafen und Schwüre, die ich gelobe, schwöre, als Bann ausspreche, mir als Verbot auferlege von diesem Jom Kippur an, bis zum erlösenden nächsten Jom Kippur.
Alle bereue ich, alle seien ausgelöst, erlassen, aufgehoben, ungültig und vernichtet, ohne Rechtskraft und ohne Bestand. Unsere Gelübde seien keine Gelübde, unsere Schwüre keine Schwüre."

AL CHET - FÜR DIE SÜNDE (Auszug)

„*Die Sünden, die wir begangen wissentlich und willig oder ohne unser Wissen und Willen.*
Die Sünden, die wir begangen aus Herzenshärte;
Die Sünden, die wir begangen aus Unverstand und Missverstand;
Die Sünden, die wir begangen indem wir leichtfertig das Wort gegeben haben;
Die Sünden, die wir begangen offenbar oder im Stillen und Geheimen. ..."

KAPITEL 21

SUKKOT – DAS FEST DES TABERNAKEL

"Ihr sollt aber am ersten Tag Früchte nehmen von schönen Bäumen, Palmenzweige und Zweige von dichtbelaubten Bäumen und Bachweiden, und ihr sollt euch sieben Tage lang freuen vor dem HERRN, eurem Gott. Und so sollt ihr dem HERRN das Fest halten, sieben Tage lang im Jahr. Das soll eine ewige Ordnung sein für eure [künftigen] Geschlechter, daß ihr dieses im siebten Monat feiert. Sieben Tage lang sollt ihr in Laubhütten wohnen..."
Leviticus 23:40-44

Sukkot beginnt am 15. *Tishrei,* das Datum des ersten Vollmondes nach der herbstlichen Tagundnachtgleiche. (September / Oktober) Während dieser *"Jahreszeit unseres Jubels"* essen die jüdischen Leute ihre Mahlzeiten in einem Tabernakel oder Stand, bedeckt mit Ästen, aber mit dem Himmel, der durch die Erinnerungen an die Wanderungen von Ägypten zum versprochenen Land zeigt.

Sukkot (Laubhüttenfest) ist eines der drei von Gott geweihten Pilgrim-Festen. Die Leute mussten nach Jerusalem gehen, um das Fest im Tempel zu feiern.
" Sodann das Fest der Ernte, wenn du die Erstlinge deiner Arbeit darbringst von dem, was du auf dem Feld gesät hast; und das Fest der Einbringung am Ausgang des Jahres, wenn du den Ertrag deiner Arbeit vom Feld eingebracht hast." Exodus 23:16

Als ein praktizierender Jude, feierte Jesus *Sukkot.*
"Es war aber das Laubhüttenfest der Juden nahe. ... Da suchten ihn die Juden während des Festes und sprachen: Wo ist er? ... Als aber das Fest schon zur Hälfte verflossen war, ging Jesus in den Tempel hinauf und lehrte ... Aber am letzten, dem großen Tag des Festes stand Jesus auf, rief und sprach: Wenn jemand dürstet, der komme zu mir und trinke! Wer an mich glaubt, wie die Schrift gesagt hat, aus seinem Leib werden Ströme lebendigen Wassers fließen."*
Johannes 7: 2,11,14,37-38

Die drei Pilgerfeste - *Pessach* (Passah)*, Shavuot* (Pfingsten) und *Sukkot* (Tabernakel) haben sowohl historische als auch landwirtschaftliche Bedeutung. Weil *Sukkot* in der Herbsternte aufgetreten ist, wurde es auch als landwirtschaftliches Ereignis beobachtet. Gebete für Regen wurden auch während dieses Urlaubs rezitiert.

In Israel werden die ersten und letzten Tage als ein voller Feiertag (wie ein Sabbat) gefeiert; Der *"Achte Tag der feierlichen Versammlung"* wird als *Simchat Tora* (Jubel des Gesetzes) gefeiert. Die Leute dürfen während der *Chol Hamo'ed* * (Zwischentage) arbeiten, aber das Festivalgericht wird beibehalten. Die Schulen sind geschlossen, und viele Familien genießen den Urlaub zusammen, indem sie Ausflüge machen, Familie besuchen oder Gäste in ihrer *Sukkah* unterhalten.

Verschiedene Namen in Verbindung mit dem Fest
- *Chag Ha'asif* (Fest der Zutaten der Getreide)
- *Chag Hasukkot* (Fest der Tabernakel)
- *Chag* (The Festival) - ein beliebter Name mit den Rabbis, was darauf hindeutet, dass *Sukkot* der Urlaub par excellence war.
- *Zeman Simchatenu* (die Zeit unserer Freude) - unter Bezugnahme auf das Gebot der Bibel, *"freudig zu sein".*

Sukkots Beachtung beinhaltet in der *Sukkah* zu "verweilen". Das Konzept der Danksagung für die Ernte bleibt zentral, symbolisiert durch die Früchte (real oder künstlich), die den *Sukkot* (eine *Sukkah,* zwei *Sukkot*) dekorieren. Manche sagen, die amerikanischen Pilgerväter wurden von der jüdischen Befolgung von *Sukkot* beeinflusst, von dem der Erntedankfest kam.

Ein wichtiger symbolischer Gegenstand des Festivals ist die *Arba'ah Minim.* * Diese werden zusammengehalten und an verschiedenen Punkten der religiösen Dienste gewinkelt.

Die vier Arten bestehen aus einem *Lulav* (Palmzweig), *Etrog* (Zitrone), *Hadasim* (drei Myrtenzweige) und dem *Aravot* (zwei Weidenzweige). Kombiniert werden diese *Lulav* genannt.

Bibel Lesungen während Sukkot

Der ungekürzte *Hallel* (Psalm 113-118) jeden Morgen rezitiert.

- Leviticus 22: 26-23: 44
- Numeri 29: 12-31
- Sacharja 14: 1-21
- 1. Könige 8: 2-21
- Exodus 33: 12-34: 26
- Hesekiel 38:18 - 39:16
- Das Buch Kohelet

Simchat Bayit Hasho'evah - Wasserschöpfungs Zeremonie

" Und ihr werdet mit Freuden Wasser schöpfen aus den Quellen des Heils".
Jesaja 12: 3

Die uralte Zeremonie des Wasserschöpfens ist im Deuteronomium vorgeschrieben und auch in der Mischna erwähnt. Während der Tempelzeit, am Ende des ersten Tages von *Sukkot,* wurden riesige goldene Lampen im Hof des Tempels erleuchtet und erleuchteten das ganze Jerusalem. Mit Hilfe von Harfen, Lyriken, Becken, Trompeten und vielen anderen Instrumenten würden die Leviten die versammelten Juden in Lied führen. Das Wasser zeichnete Ritual begann mit Tanzen und Freude und fuhr fort durch die Nacht. Pilger beobachteten und nahmen an freudiger Feier teil.

Am nächsten Morgen begleiteten viele Pilger eine Gruppe von Leviten und Priestern nach Jerusalems Shiloah (Siloam) Pool. Sie spielten Musikinstrumente und sangen biblische Lieder, wie die wohlbekannten *"Du sollst Wasser mit Freude aus den Brunnen des Heils herausziehen."*

Nachdem das Wasser mit einem goldenen Gefäß gezogen war, ging die glückliche Menge
immer wieder zum Tempel hinauf Das beim
Singen und Tanzen.

Mit dem goldenen Gefäß schüttete der Hohepriester das Wasser in eine von zwei Schüsseln
mit schmalen Ausgüssen. Die andere Schüssel
enthielt Wein. Der Priester hielt die Wasser-
schale hoch nach Westen (wo der Regen kam)
und die Weinschale nach Osten.

Die versammelten Pilger beobachteten, wie die
Flüssigkeiten von den Ausgüssen wie Regen
fielen.
Jeden Tag würde eine Gruppe von Pilgern nach
Motza, einem kleinen Dorf in der Nähe von
Jerusalem, absteigen, um Weidenzweige zu
schneiden. Diese wurden verwendet, um den
Tempel des Tempels zu dekorieren. Jeden Tag
wurde der Altar einmal von Leuten umkreist,
die den *Lulavim* hielten und *Hoshanah* Gebete
sagten.

Am letzten Tag von *Sukkot* war der Altar siebenmal umkreist, woraufhin die Weidenäste
geschlagen wurden, bis die Blätter fielen - die
Regenfälle sanken.
Es symbolisierte auch die Tatsache, dass Wei-
den eine Menge Wasser absorbierten, aber
keine Speisefrucht produzierten - es ver-
schwendet Wasser.

Das Zerstören der Zweige war eine symbolische Geste der Wasserbewahrung. Andere
glaubten, die fallenden Blätter symbolisierten
das Abwerfen von Sünden.

Heute werden in Jerusalem während der Zwischentage von *Sukkot* spezielle
"Wasserspiegel" -Zeremonien stattfinden.
Simchat Bayit Hasho'evah Versammlungen von
Musik und Tanz finden in Synagogen, *Yeshivas**
oder Studienorten statt. Erfrischungen werden
in der angrenzenden *Sukkah* serviert. In orthodoxen Kreisen trennt eine Trennwand Männer
und Frauen während der Feierlichkeiten, die
spät am Abend beginnen und oft bis in die
Nacht dauern.

Eine chassidische Interpretation blickt auf den
Mangel an Geschmack des Wassers für die In-
spiration. Geschmack und Geschmack gehen
durch das hebräische Wort *ta'am*, das auch
"Vernunft" bedeuten kann. Das Wasser auf den
Altar goss symbolisiert und feierte die beding-
ungslose Liebe der Juden für Gott und ihr Versprechen, Gott zu dienen, ob sie die Logik hinter den Geboten verstanden haben oder nicht.

In den ersten sieben Tagen des Festivals findet
eine Prozession um die Synagoge statt, während die *Hoshanot*-Gebete rezitiert und Hym-
nen gesungen werden. Die "*hosha-na*" (rette
uns, wir beten) erinnert uns an die Zeremonie
während der Tempelzeit, als tägliche Schaltun-
gen um den Altar herum gemacht wurden.

BIRKAT COHANIM

*"Und so sollen sie meinen Namen auf die
Kinder Israels legen, und ich will sie segnen."*
Numeri 6: 27

Birkat Cohanim * (der priesterliche Segen) findet am Montag und Donnerstagmorgen der
Zwischentage an der Westmauer in Jerusalems
Altstadt statt. Hunderte von *Cohanim* (deren
Familienname anzeigt, dass sie von der priesterlichen Linie von Aaron sind) geben den
aharonischen Segen von den Numeri 6: 24-26,
während sie mit ihren *Tallits* (Gebetsschals)
bedeckt sind.

Der priesterliche Segen oder priesterliche
Segen ist auch bekannt als Erhebung der Hände (*nesiat kapayim*) oder *Dukhanen* (aus dem
jiddischen Wort *dukhan* - Plattform - weil der
Segen von einem erhöhten Podest gegeben
wird).

*"Möge der HERR (JHWH) SIE ERHALTEN und
euch bewachen, Möge der HERR sein Angesicht auf euch werfen und euch gnädig sein,
Möge der HERR sein Angesicht zu euch erheben und euch Frieden geben. "*

UNTERSCHIEDLICHE ARTEN VON REGEN

Der *Joreh* - erster Regen nach dem langen,
trockenen Sommer. In der Regel fällt er En-
de Oktober, Anfang November. Immer ein
Grund für Freude und Dankbarkeit, denn
die Felder können jetzt gepflügt und für die
Ernte des nächsten Jahres vorbereitet wer-
den.
Geshem - Winterregen, meist zwischen
Mitte Dezember und März.
Melkosh - 'letzter (Frühling) Regen'.
Benötigt für die Gerste und Getreideernte.

Am siebten Tag von *Sukkot* findet die *Hoshanah Rabbah* * (die Große *Hoshanah*) statt, die
traditionell den Abschluss der feierlichen Jahreszeit markiert. (Die sogenannten "feierlichen
Tage" beziehen sich auf die Periode, die mit
Rosch HaShana (dem Jüdischen Neujahr) beginnt, und auch *Jom Kippur* (der Tag der Sühne).) Ashkenazi Juden tragen ein *Kittel* * während dieser Zeit. Es ist eine lose breite Pappe,
die bei feierlicher Gelegenheit und bei hohen
Feiertagen getragen wird. Weiß wird assoziiert
mit Sühne und Reinheit. Am achten Tag wird
das Gebet für den Regen rezitiert, das für ein
fruchtbares Jahr wesentlich ist. Die Gebet für
Regen beginnt während *Sukkot* und weiter bis
Pessach, das mit dem Ende der Regenzeit in
Israel zusammenfällt.

*"Wenn ihr nun meinen Geboten eifrig ge-
horcht, die ich euch heute gebiete, so daß
ihr den Herrn, euren Gott, liebt und ihm
mit eurem ganzen Herzen und mit eurer
ganzen Seele dient, so will ich den Regen
für euer Land geben zu seiner Zeit, Frühre-
gen und Spätregen, daß du dein Korn, deinen Most und dein Öl einsammeln kannst."*

Deuteronomium 11:13-14

Juden und Heiden feiern Sukkot

*"Und es wird geschehen, daß alle Übriggeblie-
benen von all den Heidenvölkern, die gegen
Jerusalem gezogen sind, Jahr für Jahr her-
aufkommen werden, um den König, den Herrn
der Heerscharen, anzubeten und das Laubhüttenfest zu feiern. Und es wird geschehen:
Dasjenige von den Geschlechtern der Erde, das
nicht nach Jerusalem hinaufziehen wird, um
den König, den Herrn der Heerscharen anzubeten, über dieses wird kein Regen fallen."*

Sacharja 14:16-19

Laut der Bibel, müssen Heidnische Nationen im
tausendjährigen Königreich nach Jerusalem
kommen, um *Sukkot* zu feiern, um mit Regen
gesegnet werden. Obwohl es jetzt kein Gebot
ist, feiern viele Christen das Fest der Tabernakel.
Seit über 30 Jahren sind Christen nach Jerusalem
gekommen, um das Laubhüttenfest zu feiern.
Die Internationale Christliche Botschaft sponsert
die jährliche Feier, die Tausende von Menschen
aus der ganzen Welt anzieht.

Sukkot Symbole

◊ Die *Sukkah* repräsentiert den zerbrechli-
chen Zustand des Menschen und die Notwendigkeit des göttlichen Schutzes
Gottes.

◊ Alle vier Arten wachsen in der Nähe von
Wasserquellen; Die meisten von ihnen
können sich nach einem feuer erholen.

◊ Praktizierende Juden glauben an die
Wichtigkeit, im Wort verwurzelt zu sein
und Wasser aus der Quelle zu bekommen. Auch wenn sie "Feuer" in ihrem
Leben erleben, werden neue Triebe aus
dem scheinbar verwüsteten Baum wachsen.

EIN JÜDISCHES JAHR

Die Jahreszahl auf dem jüdischen Kalender
repräsentiert die Anzahl der Jahre seit der
Schöpfung, die durch die Addition der
Altersgruppen in der Bibel bis zur Zeit der
Schöpfung berechnet wird. Das Gregorianische Jahr 2012 entspricht dem jüdischen
Jahr 5772. Juden verwenden in der Regel
nicht die Worte "A.D." Und "B.C." Auf die
Jahre auf dem Zivilkalender zu verweisen,
weil "A.D." "das Jahr unseres Herrn"
(Jeschua) bedeutet, stattdessen verwenden sie v.Chr. (vor Christus) und n.Chr.
(nach Christus).

GUT ZU WISSEN

Unmittelbar nach *Jom Kippur* fangen die
Leute an, *Sukkah*-Rahmen auf Balkonen,
Dächern, Höfen und Bürgersteigen zu
errichten. Die Gemeinde bietet Palmblätter
für die Dächer. Überall finden Sie Stände, die
(Weihnachts-) Dekorationen für die *Sukkah*
verkaufen. Ein Spaziergang durch Mea
Shearim oder andere orthodoxe
Nachbarschaften ist ein Erlebnis, das Sie
genießen werden.

SHMITAH - DAS SABBATISCHE JAHR

"Sechs Jahre sollst du dein Land besäen und seinen Ertrag einsammeln; aber im siebten sollst du es brach liegen und ruhen lassen, damit sich die Armen deines Volkes davon ernähren können; und was sie übriglassen, das mögen die Tiere des Feldes fressen. Dasselbe sollst du mit deinem Weinberg und mit deinem Ölbaumgarten tun."
Exodus 23:10-11

Gott befehligte das *Shmitah*-Jahr (oder das siebte Jahr), um eine soziale Gerechtigkeit und Güte zu den Tieren zu sein (Leviticus 25: 1-7). Es war auch ein "*Sabbat zu Gott*" (Leviticus 25: 1-7) und ein "*Sabbat für das Land*", in dem es sich erneuern konnte. Schulden sind zu vergeben (Deuteronomium 15: 1-6) und die Verarmten haben eine Chance, einen Neuanfang zu machen.

Die *Tora* verbietet die Pflanzung von Bäumen und Gemüse, Beschneiden und Ernten während des Sabbatjahres. Allerdings können Bäume bewässert werden, wenn sie sonst sterben würden.

Die Früchte und Pflanzen, die während des Sabbatjahres in den Feldern wachsen, heißen *Hefker*. Sie gehören niemandem und jedem, und es ist verboten, sogar ein wildes Tier weg vom Feld zu jagen, wenn sie essen wollen. Ein Jude kann während des Sabbatjahres Früchte von einem Baum essen, darf aber nicht verkaufen oder ein Bündel nach Hause nehmen.

In Leviticus verspricht Gott ausdrücklich, dass er das sechste Jahr mit reichlich vorhandenem Gold segnen wird, wenn das Volk Israel Glauben genug hat, das Sabbatjahr zu behalten. Nicht jeder hatte einen solchen Glauben. Das babylonische Exil war direkt mit diesem Versagen verbunden, das Sabbatjahr zu behalten. Nach der *Tora*, während des Exils *"wird das Land seinen Sabbat haben"*.

Während der Talmudischen Zeiten wurde es immer schwieriger, das Sabbatjahr zu halten. Hillel (110 v.Chr. - 10 n. Chr.) Stellte das Prosbol-System ein, was bedeutete, dass ein Gläubiger das Gericht ernennen würde, um seine Schulden zu sammeln. Hillel wurde kritisiert, um das Gesetz zu umgehen, das nur auf Einzelpersonen angewendet wurde.

Als die Juden nach dem *Galut* (Exil) nach Israel zurückkehrten, wurde die Frage nach *Shmitah* wieder relevant. Vor dem Sabbatjahr 1889 erhielten jüdische Landwirte die Erlaubnis, ihr Land für einen vorgeschriebenen Zeitraum an einen Nichtjuden zu verkaufen, so dass es weiterhin funktionierte. Viele orthodoxe Behörden widersetzten sich dieser Lösung. Heute verwenden einige orthodoxe Landwirte Hydroponik[1] während des Sabbatjahres. Es gibt viele israelische Landwirte, die *Shmitah* zum vollen Buchstaben des Gesetzes beobachten, ohne auf *Halachic* * Schlupflöcher zu suchen. Diese Bauern sind vollkommen im Leerlauf und bringen während des Sabbatjahres keine Einnahmen.

Spezielle Mittel werden von freundlichen Spendern eingerichtet, um den Bauern zu helfen, diese *Mitzwa** zu beobachten.

Das Jahr 5776 (2014-2015) war ein Sabbatjahr. Das nächstes Sabbatjahr, 5782, ist 2021 -2022.

[1] Hydroponik ist eine Untergruppe der Hydrokultur und ist eine Methode der Anbau von Pflanzen mit mineralischen Nährlösungen, in Wasser, ohne Boden.

HACHEL oder HEKHAL ZEREMONIE

*Und Mose gebot ihnen und sprach: Nach
Verlauf von sieben Jahren, zur Zeit des
Erlaßjahres, am Fest der Laubhütten, wenn
ganz Israel kommt, um vor dem HERRN,
deinem Gott, zu erscheinen an dem Ort, den
er erwählen wird, sollst du dieses Gesetz vor
ganz Israel lesen, vor ihren Ohren.
Versammle das Volk, Männer und Frauen und
Kinder, auch deinen Fremdling, der in deinen
Toren ist, damit sie es hören und
lernen, damit sie den HERRN, euren Gott,
fürchten und darauf achten, alle Worte dieses
Gesetzes zu befolgen. Und ihre Kinder, die es
noch nicht kennen, sollen es auch hören,
damit sie den HERRN, euren Gott, fürchten
lernen alle Tage, die ihr in dem Land lebt, in
das ihr über den Jordan zieht, um es in Besitz
zu nehmen.“* Deuteronomium 31: 10-13

Hachel * bezieht sich auf eine Sitte, die auf der
beauftragten Praxis in der Bibel beruht, alle
jüdischen Männer, Frauen und Kinder zusammenzubringen, um die Lesung der *Tora* durch
den König von Israel einmal alle sieben Jahre
zu hören. Ursprünglich fand diese Zeremonie
am Ort des Tempels in Jerusalem während

Sukkot im Jahr nach einem siebten Jahr statt.
Nach der *Mischna* * wurde das "Gebot zum
Zusammenbau" während der Jahre der ersten
und zweiten Tempelära durchgeführt. Es wurde nach der Zerstörung des Tempels und der
Verbreitung des jüdischen Volkes aus ihrem
Land abgebrochen. Im zwanzigsten Jahrhundert wurde es jedoch von der Regierung Israels
und von Gruppen von aufmerksamen Juden
wiederbelebt. Die erste offizielle israelische
Zeremonie von Hachel wurde während *Sukkot*
von 1945, dem Jahr nach dem Sabbatjahr, abgehalten. Ähnliche Zeremonien, die von den
israelischen Regierungsbeamten geleitet wurden, finden seit sieben Jahren statt. Manchmal
führt der Präsident von Israel die Zeremonie
durch; Manchmal führen bekannte Rabbiner
die Zeremonie am Kotel (Westmauer) in
Jerusalem.

YOVEL - DAS JAHR DES JUBILÄUMS

Yovel * - das Jubiläumsjahr ist das Jahr am
Ende von sieben Zyklen von *Shmitah* *
(Sabbatische Jahre). Nach biblischen Vor-
schriften hatte dieses Jahr einen besonderen
Einfluss auf das Eigentum und die Verwaltung
von Land in *Eretz Israel.*

Manche diskutieren, ob es das 49. Jahr war
(das letzte Jahr von sieben Sabbatikzyklen,
das als Sabbat-Sabbat bezeichnet wird) oder
ob es das folgende (50.) Jahr war.

Das heilige fünfzigste Jahr ist eine Zeit der
Freiheit und der Feier, wenn jeder sein ur-
sprüngliches Eigentum zurückerobern wird,
und Sklaven werden nach Hause zurückkehren zu ihren Familien. (Siehe Leviticus 25:10)

Die biblischen Regeln über die Sabbatischen
Jahre (*Shmitah*) werden noch von vielen religiösen Juden in Israel praktiziert, aber die
Vorschriften für das Jubiläumsjahr sind seit
vielen Jahrhunderten nicht beachtet worden.

KAPITEL 22

SHEMINI ATZERET - SIMCHAT TORA -
Jubel des Gesetzes

*"Ich freue mich über dein Wort wie einer,
der große Beute findet."*
Psalm 119:162

Simchat Tora (Jubel des Gesetzes) wird am achten Tag von Sukkot gefeiert. In der Diaspora wird es einen Tag später gefeiert. *Simchat Tora* markiert den Abschluss des jährlichen Tora-Lesezyklus und der Beginn eines neuen.

Während der Tempelzeit wurden 70 Opfer während der sieben Tage von *Sukkot* angeboten - mehr als an jedem anderen Urlaub. Manche glauben, es sei ein Dankeschön für eine erfolgreiche Ernte, die im kommenden Jahr mit einem Gebet für Fülle gekoppelt wurde. Talmudische Gelehrte glauben, dass die 70 Opfer den verdienstlichen 70 Nationen der Welt Verdienst bringen sollten. Heute beten die Kongreßabgeordneten für die heidnischen Nationen.

Rabbiner haben versucht zu beantworten, warum Gott einen achten Tag befehligte, obwohl er festlegte, dass *Sukkot* nur sieben Tage war. Nach ihnen hat Gott sein Volk gebeten, mit ihm für einen weiteren Tag zu bleiben.
Die Praxis des jährlichen Lesezyklus wurde zwischen dem sechsten und elften Jahrhundert n. Chr. Etabliert und wird daher im Talmud nicht erwähnt.
Im Mittelalter behaupteten einige Gemeinden die Lagerfeuer, indem sie die abgebauten und wegwerfbaren Teile der *Sukkah* benutzten.

Am Abend der *Simchat-Tora* werden alle *Tora*-Schriftrollen aus der Arche herausgenommen und um die *Bimah* getragen (Leserplattform).

Dies ist die einzige Nacht des Jahres, dass dies geschehen ist. Während der siebenfachen Prozession (*hakkafot *) wird ein spezieller Gesang gesungen. Jede Prozession wird durch ein Zwischenspiel von Gesang und Tanz getrennt, in dem die Leute, die die *Tora*-Rollen tragen, von anderen verbunden sind.
Die Kinder tragen *Simchat Tora* Flaggen oder Miniaturrollen.

Einige Gemeinden lesen Deuteronomium 33: 1-17; Es ist das einzige Mal, dass das Lesen des Gesetzes abends stattfindet.
Während des Morgendienstes findet eine weitere siebenfache Prozession statt, gefolgt von dem Lesen des Deuteronomiums 33 und 34. Es ist üblich, daß alle Männer zum Lesen des Gesetzes berufen sind. Einige Synagogen erlauben es Männern und Frauen, zum *Bimah* zu kommen.

Während der *Kol Hane'arim* (Aufruf der Kinder) Zeremonie stehen die Kinder unter einem großen Wollgebetschal zusammen, während Jakobs Segen rezitiert wird:
" Der Gott, vor dessen Angesicht meine Väter Abraham und Isaak gewandelt haben; der Gott, der mich behütet hat, seitdem ich bin, bis zu diesem Tag; der Engel, der mich erlöst hat aus allem Bösen, der segne die Knaben, und durch sie werde mein Name genannt und der Name meiner Väter Abraham und Isaak, und sie sollen zu einer großen Menge werden auf Erden!" Genesis 48: 15-16

Der letzte Abschnitt des Pentateuch ist für die *Chatan Tora** (Bräutigam des Gesetzes) reserviert. Nachdem die geehrte Gemeinde das Lesen beendet hat, sagt die Gemeinde mit lauter Stimme, *"Hazak, hazak, ve'nithazek!"* (Sei stark, seid stark und lass uns gestärkt werden!)
Jetzt wird eine zweite Rolle (Genesis) aufgenommen und der neue Lesezyklus beginnt. Die Person, die geehrt wurde, um Genesis 1-2: 3 zu lesen, heißt *Chatan Bereshit** (Bräutigam des Anfangs).
Eine dritte Person, die *Maftir ** ist aufgerufen, die prophetische Lektüre aus Josua Kapitel 1 zu lesen. In der Vergangenheit mussten die beiden "Bräutigam" ein reichhaltiges Fest für die ganze Gemeinde bieten, aber heutzutage wird nur Wein und leichte Speisen serviert.

In Israel ist es üblich, einen anderen, Outdoor, *Hakkafot* in der Nacht nach *Simchat Tora* zu halten. In den Synagogen wird die *Tora* auf dem Sabbat, den meisten Feiertagen und am Montag und Donnerstag

morgens gelesen. Diese Brauch geht zurück auf die Antike, als die meisten Juden Bauern oder Hirten waren. An diesen Tagen brachten sie ihre Fahrpreise auf den Markt. Nachdem sie ihre Produkte verkauft hatten, versammelten sich die Männer, um die *Tora* zu lesen.

KAPITEL 23

CHANUKKA - DAS FEST DER WEIHUNG

Chanukka fällt auf den 25. *Kislev* (Dezember). Weil dieses achttägige Festival oft mit Weihnachten zusammenfällt, wird es scherzhaft "Chanuweinachten" genannt.

Als im Jahre 175 v. Chr. Antiochus Epiphanes König von Syrien wurde, mussten alle Bürger die griechische Religion und Kultur umarmen. In Judäa wurde die Sabbatbeobachtung verboten, koschere Gesetze und Beschneidung verboten, und diejenigen, die das Judentum praktizierten, wurden getötet. Indem er Schweine auf dem Altar opferte und eine Statue des Zeus eröffnete, wurde der Jerusalem-Tempel entweiht.
Einige Juden erfüllten die Antiochus-Dekrete. Andere wurden geheime Gläubige oder wollten Märtyrer werden.

Im Jahre 167 v. Chr. Weigerte sich Mattathias, der Dorfälteste und Priester von Modi'in, das Opferschwein des Griechen zu töten und sein Fleisch zu essen. Als jemand anbot, die Riten auszuführen, wurde Mattathias so wütend, dass er den Mann umgebracht hat. In dem darauffolgenden Aufruhr wurden die griechischen Soldaten von Mattathias, seinen fünf Söhnen und einigen Dorfbewohnern getötet. Gemeinsam mit einer Gruppe von Leuten, die dem Herrn treu waren, versteckte sich Mattathias in den Hügeln der Judäischen Wüste. Aus diesem Bereich führten sie Guerilla-Angriffe gegen die Griechen. Nach dem Tod von Mattathias wurde Juda zum Militärführer. Sein Spitzname "Maccabee" ist wahrscheinlich aus dem Akronym abgeleitet: *"Mi kamocha ba'elim Adonai"* - "Wer ist wie Sie unter den Göttern, o Herr,". Obwohl Jerusalems Tempel von den Makkabäern im Jahre 164 v.Chr. Befreit wurde, wurde erst im Jahre 142 v.Chr. Die jüdische Unabhängigkeit erreicht.

Als alleiniger Überlebender der Familie wurde Judas Bruder Simon zum Hohenpriester und Herrscher. Dies war der Anfang der hasmoneischen Dynastie, die bis zur römischen Besetzung von Judäa im Jahre 63 v.Chr.

Chanukka (Widmung) bezieht sich auf die Wiedergeburt und Reinigung des zweiten Tempels im Jahre 164 v.Chr. Es gab nur eine eintägige Versorgung mit reinem (koscheren) Olivenöl, um den *Menorah* des Tempels zu beleuchten (sieben-verzweigte Kandelaber). Die *Menorah* wurde angezündet und wurde auf wundersame Weise acht Tage lang verbrannt.

In Jesu Zeit wurde *Chanukka* das "Fest der Hingabe" genannt.
"Es fand aber in Jerusalem das Fest der Tempelweihe statt; und es war Winter. Und Jesus ging im Tempel in der Halle Salomos umher." Johannes 10: 22-23

Der Tempel in Jerusalem war das jüdische religiöse und nationale Symbol. Nach seiner Zerstörung zog der religiöse Fokus in die Synagoge. Rabbis wechselten zur "Öllegende" (das Wunder, das die *Menorah* des Tempels für acht Tage brennen ließ). Als eine visuelle und hoffnungsvolle Erinnerung, dass Wunder noch passiert, begannen die Menschen Öle Lampen in ihren Häusern zu beleuchten. Ich wollte nicht die römischen Besatzer ärgern, der jüdische militärische Aspekt des Fests verminderte sich. Erst im 19. Jahrhundert, mit der Entstehung der zionistischen Bewegung und dem jüdischen Nationalismus, tauchte *Chanukkas* militärischer Aspekt wieder auf. Das jüdische Volk nahm Mut, sich an die Kraft und den Mut der Makkabäer zu erinnern.

Das Fest wird gefeiert, indem man Lichter eines einzigartigen Kandelabers, der neun verzweigten *Menorah* oder *Chanukkia* * anzündet. Es hat acht Zweige mit einem zusätzlichen erhöhten Zweig.

Das extra Licht heißt *Shamash* * (Begleiter oder Sexton) und verwendet, um die anderen Kerzen zu entzünden. Religiöse Nachbarschaften haben draußen *Chanukkiot* auf den Straßen platziert. In der ersten Nacht des Fests werden auf der ganzen Welt kerze Blitzzeremonien abgehalten. In jeder Nacht wird ein zusätzliches Licht entzündet, bis alle Kerzen an der achten und letzten Nacht verbrennen.

Nach der Beleuchtung der Kerzen ist es Tradition, die Hymne *Maos Zur* zu singen. Das Lied enthält sechs Strophen. Der erste und letzte Deal mit allgemeinen Themen der göttlichen Rettung; Die mittleren vier befassen sich mit Ereignissen der Verfolgung in der jüdischen Geschichte und loben Gott für das Überleben trotz dieser Tragödien: Der Exodus aus Ägypten, die babylonische Gefangenschaft, das Wunder des Feiertags von Purim und der Hasmonäer-Sieg über die Griechen.

Eine populäre (nicht-wörtliche Übersetzung) heißt "Fels der Ewigkeiten." Basierend auf der deutschen Version von Leopold Stein (1810-1882) wurde es von dem talmudischen Linguisten Marcus Jastrow und Gustav Gottheil geschrieben.

Chanukka ist die Zeit, *Sufganiot* zu essen (Marmelade gefüllte Donuts) und *Latkes* (Kartoffelpuffer).
Der Urlaub wird von Jung und Alt gefeiert, aber

am meisten von Familien mit kleinen Kindern.

Der *Sevivon - Dreidel* (Kreisel)

Ein spezielles *Chanukka* Spielzeug ist das *Sevivon** - Kreisel. Es wird angenommen, dass das Spiel in Indien entstand. Während des Mittelalters wurde es am Weihnachtsabend von deutschen Christen gespielt. Die deutschen Juden ersetzten die deutschen Briefe mit ähnlich klingenden Hebräern: *Nun - Gimel - Heh -* und *Shin,*

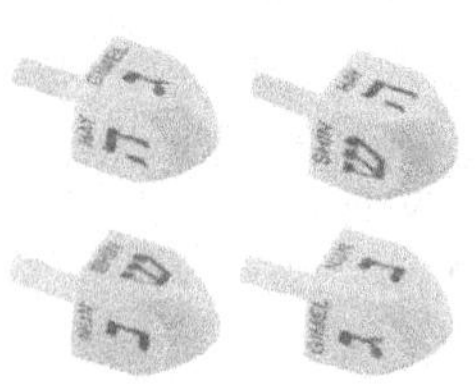

die Abkürzung für: "*Nes Gadol Haya Sham*" - ein großes Wunder geschah dort. In Israel wird der "*Sham*" (dort) durch "*poh*" (hier) ersetzt.

CHANUKKA GELT (Geld)

Die Tradition von *Chanukka gelt* (Geld für Kinder während *Chanukka*) stammt aus einer Praxis des polnischen Judentums aus dem 17. Jahrhundert, um ihren kleinen Kindern Geld für die Verteilung an ihre Lehrer zu geben. Später konnten Kinder das Geld für sich behalten.

Im 18. Jahrhundert wurde es Gewohnheit für arme *Yeshiva ** Studenten, Häuser von jüdischen Wohltätern zu besuchen, die *Chanukka Gelt* ausgeben. Es ist auch möglich, dass die Gewohnheit von Juden in Osteuropa, die Münzen an religiöse Lehrer als Zeichen der Dankbarkeit. (Ähnlich wie die Gewohnheit des Kippens der Leute zu Weihnachten.) Im Jahr 1958 gab die Bank von Israel Gedenkmünzen für den Einsatz als *Chanukka gelt*. In diesem Jahr trug die Münze das Bild der Menora, die auf Maccabean Münzen 2.000 Jahre früher erschien. Kinder benutzen oft Schokolade, um *dreidel* zu spielen. Eltern, Großeltern oder andere Verwandte geben älteren Kindern tatsächlichen Geld.

In Chassidischen Gemeinden setzen die Rabbiner die Praxis fort, kleine Münzen an diejenigen zu verteilen, die sie während *Chanukka* besuchen. Chassidische Juden halten dies für einen glücklichen Segen aus dem Rebbe und ein *Segula ** für den Erfolg.

Maos Zur (festung, Fels [meiner Rettung]) sind die Anfangsworte eines Liedes, das während des *Chanukkafestes* von aschkenasischen Juden hauptsächlich bei der häuslichen Feier, jedoch auch in der Synagoge gesungen wird. Das Lied stammt aus Deutschland und geht wahrscheinlich auf das 13. Jahrhundert zurück. Die Anfangsworte sind eine Paraphrase von Jes 17,10 EU. Ursprünglich bestand *Maos Zur* aus sechs Strophen, heute werden jedoch meistens nur die ersten fünf gesungen. Aus dem Akrostichon der ersten fünf Strophen lässt sich auf einen Dichter namens Mordechai schließen, der jedoch im Übrigen unbekannt ist. Im Laufe der Zeit wurden dem Lied noch weitere Strophen hinzugefügt, darunter auch von Moses Isserles.

MAOS ZUR - FELS DER EWIGKEITEN

Fels der Ewigkeiten, lass unser Lied
deine Rettungskraft preisen
Du mitten unter den wütenden Feinden
unser Rettungsturm
Fels der Ewigkeiten, lass unser Lied
deine Rettungskraft preisen
Du mitten unter den wütenden Feinden
Du warst unser Rettungsturm
unser Rettungsturm
Wütend haben sie uns angegriffen
aber dein Arm half uns
und dein Wort zerbrach ihr Schwert
als unsere Stärke uns im Stich ließ
und dein Wort zerbrach ihr Schwert
als unsere Stärke uns im Stich ließ
Kinder der Wanderer
ob frei oder gefesselt
erweckt die Echos der Lieder
wo immer ihr verstreut sein mögt
Dein ist die freudige Nachricht
dass die Zeit naht
die alle Menschen frei
und die Tyrannen verschwinden sehen
wird
Die Hoffnung wird alle Menschen frei
und die Tyrannen verschwinden sehen

"BLI AYIN HA RA"

Der *ayin ha ra* - "böser Blick", ist der Glaube, dass bestimmte Personen die Fähigkeit haben, Schaden zuzufügen, indem sie ihren Blick auf andere richten. Diese Person verursacht Unglück, Krankheit oder sogar Tod. Das potentielle Opfer erarbeitet daher Wege, um sich gegen diesen schädlichen Blick durch Schutzcharme zu schützen. Dies kann ein Talisman um den Hals getragen werden, rot und blau gefärbten Faden oder Spiegel, um das Böse abzuwehren. Sephardische und östliche Juden beobachten diese Sitte, indem sie blaue Farbe an ihren Türpfosten verwenden und Amulette (wie eine *Hamsa* * - Hand der Fatima) mit biblischen oder kabbalistischen Texten anbieten. Ashkenazim bindet ein rotes Band an das neugeborene Kind. Der Ausdruck "*Bli ayin hara*" bedeutet: "Kann niemand einen bösen Blick werfen - möge deine positive Situation weitergehen".

Das Gebet des Pflanzers

Komponiert von Rabbiner Ben-Zion Meir Hai Uzziel, der erste Sephardi-Oberrabbiner des Staates Israel

Unser Vater, der im Himmel ist,
Der Erbauer von Zion und Jerusalem,
Freut euch, Herr, mit eurem Land,
Gib ihm Gutes. Aus der Güte deiner lieben-
den Freundlichkeit. Gib Tau für einen Segen
und verursache wünschenswerte Regenfälle
In ihre Zeit fallen.
Sättige die Berge Israels und seine Täler,
Und Wasser jede Pflanze und Baum in ih-
nen. Wie für diese Setzlinge, die wir heute
vor Ihnen pflanzen, Vertiefe ihre Wurzeln
und erhöhe ihre Pracht,

Assara beTevet Fastentag

Der 10. *Tevet* (*Assara beTevet*) ist ein „kleiner" Fastentag im Judentum. Der 10. *Tevet* erinnert an den Beginn der Belagerung Jerusalems durch König Nebukadnezar von Babylonien im Jahr 597 v. d. Z. Der 10. *Tevet* wurde auch als „Tag des allgemeinen Kaddisch" zum Andenken an die Opfer der Massenvernichtungen während der *Shoah* festgelegt, deren Todestag unbekannt ist. An diesem Tag zündet man ein Gedächtnislicht an, spricht das *Kaddisch* und studiert Abschnitte über das Erheben der Seelen.

Dass sie blühen und akzeptiert werden kön-
nen, Unter den anderen Bäumen von Israel,
Zum Segen und zur Schönheit.
Stärke die Hände aller Brüder, Die in der
Arbeit des heiligen Bodens arbeiten,
Und wer die Wildnis veranlaßt, zu blühen.
Segne sie, Herr, daß es ihnen gelingt, Und
dass die Arbeit ihrer Hände akzeptabel ist.
Schaue von deiner heiligen Wohnung,
vom Himmel, Und segne dein Volk Israel.
Und das Land, das du uns gegeben hast,
Wie du deinen Vätern geschworen hast.
Amen

KAPITEL 24

TU B'SHVAT - DAS NEUE JAHR DER BÄUME

"Wie andere für dich gepflanzt haben, so wirst du für deine Kinder pflanzen."

Leviticus Rabba, 28

Tu B'shvat, der 15. des hebräischen Monats *Shvat* (Ende Januar, Anfang Februar) wird in der Bibel nicht erwähnt. Die *Mishnah* * (Teil

des Talmuds) be- schreibt sie aber als "Neues Jahr der Bäu- me". Israels regneri- sche Jahreszeit ist inzwischen vorbei, aber die Menschen hoffen noch auf den Segen des "letzteren Regens". Dieser Urlaub markiert die Wiederbelebung der Natur, die durch die Knospen des Mandelbaums symbolisiert wird. Leviticus 19 sagt uns, was von den Israeliten erwartet wurde, als sie das Gelobte Land be- traten: *"Wenn ihr in das Land kommt und aller- lei Bäume pflanzt, von denen man ißt, sollt ihr die [ersten] Früchte derselben als Unbe- schnittenheit betrachten; drei Jahre lang sollt ihr sie für unbeschnitten achten, sie dürfen nicht gegessen werden; im vierten Jahr aber sollen alle ihre Früchte heilig sein zu einer Ju- belfeier für den Herrn; erst im fünften Jahr sollt ihr die Früchte essen."*

Mit einem bestimmten Datum wie das neue Jahr für Bäume auch mit dem Gesetz des Zehn- ten geholfen - 1 / 10th der Bauernfrucht musste den Priestern gespendet werden.

Biblische Zehnte waren:

- ◆ *Orlah* - bezieht sich auf ein biblisches Ver- bot (Leviticus 19:23) über das Essen der Früchte der Bäume, die in den ersten drei Jahren produziert wurden, nachdem sie gepflanzt wurden.
- ◆ *Neta Reva'i* - verweist auf das biblische Gebot (Leviticus 19:24), um den vierten Jahr Obstkulturen nach Jerusalem als Zehn- ten zu bringen.
- ◆ *Ma'aser Sheni* - war ein Zehnten, der in Jerusalem gegessen wurde.
- ◆ *Ma'aser Ani* - war ein Zehnten, der den Armen gegeben wurde (Deuteronomium 14: 22-29), die auch berechnet wurden, ob die Frucht vor oder nach *Tu B'shvat* reifte.

Während der zweiten Tempelzeit war es üblich, einen Baum zu pflanzen, als ein Kind geboren wurde - eine Zeder für einen Jungen (bezogen auf seine Höhe und Stärke) und eine Zypresse (kleiner und duftend) für ein Mäd- chen. Als das Kind verheiratet war, wurde das Holz des Baumes benutzt, um die *Chuppa* zu machen, das Hochzeitsdach.

Im Laufe der Jahrhunderte entwickelten die verschiedenen jüdischen Gemeinden in der Diaspora alle Arten von Bräuchen, um diesen Tag zu feiern. Am Anfang des 19. Jahrhunderts, als die ersten jüdischen Siedler begannen, *Eretz Israel* zu erlösen, war ein Teil ihrer Arbeit, Bäume auf den unfruchtbaren und erodierten Hügeln zu pflanzen.

Am *Tu B'shvat,* 25. Januar 1890, haben Rabbi Zeev Yavetz und seine Schüler ein gutes Bei- spiel für die Bepflanzung von Bäumen in der landwirtschaftlichen Kolonie von Zichron Ya'akov.

Die Idee, Bäume auf *Tu B'shvat* zu pflanzen, wurde 1908 von der jüdischen Lehrervereini- gung und später vom jüdischen Nationalfonds (*Keren haKayemet leIsrael*) verabschiedet, der unter anderem die Bewirtschaftung des Landes Israel beaufsichtigte.

Viele der bedeutendsten Institutionen Israels haben sich an diesem Tag für ihre Einwei- hungszeremonien entschieden.

Der Grundstein der Hebräischen Universität von Jerusalem wurde auf *Tu B'shvat* 1918 gesetzt, und der erste Stein von Haifas Technion wurde am selben Tag im Jahre 1925 gelegt. Das erste jüdische Parlament des jüdischen souveränen Staates entschied sich, seine erste Knesset-Sitzung 1949 an *Tu B'shvat* zu halten.

An *Tu b'Shvat* ist es üblich, die Arten von getrockneten Früchten zu essen, die in Deuteronomium 8: 8 (die sieben Arten) erwähnt werden. Einige orthodoxe Juden machen Süßigkeiten von ihrem *Etrog* (eine der "Vier Arten" während *Sukkot*) und essen es während *Tu B'Shvat.*

Tu B'shvat is nannte manchmal den jüdischen Lauben-Tag. Der Höhepunkt des Urlaubs ist die Pflanzung ein neues Bäumchen im Boden von *Eretz Israel*, der jüdischen Heimat.

Die Mandel

Im Januar beginnt der knorrige, blattlose Mandelbaum zu blühen; Seine rosafarbenen weißen Blüten bieten reichlich Nektar für die wilden Bienen.
Die Mandel gehört zur Pfirsichfamilie. Wachsen wild in Israel, kann es eine Höhe von 4,5 bis 6 Meter erreichen. Die Frucht ist ein Drupe - das heißt, es hat einen weichen, fleischigen Teil um einen inneren Stein, der den Samen enthält. Wenn es reift, teilt sich seine trockene oder holzige Schale in zwei Hälften. Die unreifen, grünlichen Früchte sind eine Zartheit für einige, aber die meisten Menschen bevorzugen den getrockneten Stein - die Mandel, die wir so gut kennen, gegessen entweder gesalzen oder gemahlen in eine zuckerhaltige Pulpe bekannt als Marzipan.

Mandelknospen und Blüten, die für den Kandelaber des Tabernakels modelliert wurden. Aarons Stab wuchs wunderbar Blätter und Mandelblüten zugleich - Gottes Zeichen, er und sein Stamm wurden als Priester gewählt. Während der sieben Jahre der Hungersnot schickte Jakob Mandanten zum ägyptischen Herrscher - eine Zartheit für sie. In den Ekklesiastes symbolisiert die Mandel das Alter, weil die weißen Blüten an weiße Haare erinnern.

Genesis 28:19 erwähnt Luz. Das Dorf hat wahrscheinlich seinen Namen erhalten, weil die umliegenden Hügel voller Mandelbäume waren.

Die Wurzel aus dem Hebräischen zitterte (Mandel) ist das Wort, das geschüttelt wird (um eifrig zuzusehen oder zu warten). In Jeremia 1: 8 wird es als Wortspiel verwendet. Gott fragt Jeremia, Israels Wächter, was er sieht, *"Ein Mandel (shaked) Baum-Zweig"*, antwortet er. Der Herr antwortet: *"ich werde über meinem Wort wachen (shoked), um es auszuführen!"*
In alten Zeiten wurden getrocknete Früchte entweder zu einer Paste gemahlen oder für ihr Öl verwendet. Mandeln waren eine exklusive Kochzutat in römischer Zeit. Der bittere Geschmack wurde durch Kochen in Wasser entfernt und die Hülsen wurden als Treibstoff verwendet.

Ta'anit Esther Fasten von Esther

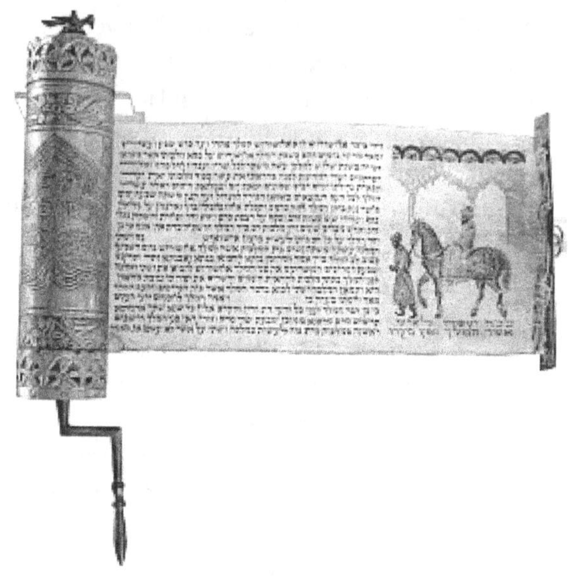

Das fasten von Esther (*Ta'anit Esther*) am 13. von *Adar (*vor *Purim*) erinnert an die dreitägige Fassung, die das jüdische Volk im Buch Esther beobachtet hat. Weil dies nicht eine der vier öffentlichen Fastentage ist, die von den Propheten ordiniert werden, sind schwangere Frauen, stillende Mütter und schwache Personen nicht verpflichtet, sie zu beachten.

KAPITEL 25

PURIM

Purim ist die Feier der Befreiung der Juden von einem Feind, der auf ihre Zerstörung aus ist. Es wird am 14. und 15. Tag von *Adar* (meist im März) gefeiert. *Purim* ist der Plural des hebräischen Wortes "*pur*", was bedeutet, das Lot (verwendet, um etwas zufällig zu bestimmen). Es bezieht sich auf Hamans Gebrauch von Lose, um das Datum für seine beabsichtigte Zerstörung der Juden zu wählen.

In dem Buch von Esther, "*... der Name Gottes ist nicht da, aber sein Finger ist sicherlich*", schrieb Matthew Henry. "*Seine Vorsehung ist offensichtlich - leise, aber souverän bei der Arbeit im Leben von Männern und Frauen.*" Obwohl *Purim* ein kleines Fest aus religiöser Sicht ist (es wird nicht in der *Tora* als Fest des Herrn erwähnt), feiern die Menschen es mit Leidenschaft.

Bis 2 n.Chr. Wurde *Purim* "der Tag des Mordechai" oder "Tag des Schutzes" genannt. Die Menschen ehrten den Feiertag, indem sie die Geschichte der *Megila* * (Schriftrolle) in ihren Häusern rezitierten und Geschenke austauschten.

Der Talmud beschreibt öffentliche Lesungen während der zweiten Tempelzeit. Priester wurden angewiesen, ihren Dienst im Tempel zu stoppen und auf die Rezitation zu hören. Diese Praxis endete mit der Zerstörung des Tempels im Jahr 70 n.Chr.

Mit der Kanonisierung des Buches von Esther und dem Auftreten von Synagogen wurden die öffentlichen Lesungen in Hebräisch und anderen Sprachen weit verbreitet. Zwischen dem Ende des 3. und Anfang des 5. Jahrhunderts n. Chr. Wurde die Lesung des hebräischen *Megilla* allgemein akzeptiert. Die Liturgie war die gleiche, aber das Drama, die Farbe, die Fröhlichkeit und die Aufmachung variierten von Land zu Land. Im Mittelalter wurde die Feier von Maskeraden, Jester, Musikern und Schauspielern belebt. Lärmmachen und Wahl einer Purim Königin oder König ist auf das 14. Jahrhundert Frankreich zurück zu verfolgen.

Purim Spiele stammen aus dem 16. Jahrhundert. Im Jahre 1615, in Frankfurt, Deutschland, stellte sich ein lokaler Bäcker den "neuen Haman" aus und organisierte einen Angriff gegen die Juden der Stadt. Obwohl sie zurückkämpften, wurden sie aus der Stadt vertrieben und mussten ihren Besitz hinter sich lassen. Ein paar Monate später erkannte der Herrscher der Stadt, was Ungerechtigkeit getan hatte. Eine Bande begrüßte die Juden nach Frankfurt, der Bäcker wurde getötet und sein Haus zerstört. Eine Plakette beschrieb seine Missetaten und Strafe. Von diesem Tag an wurde Purim eine besondere Feier für die Juden in Frankfurt. Während des Festes lesen sie einen besonderen Megillah, der an ihre Geschichte erinnert.

Das Spazierende Theater, der *Purim "Shpil"* wurde schließlich zu Bühnenaufführungen. Bis zum Zweiten Weltkrieg fanden in Deutschland und Osteuropa während des Monats von *Adar* Aufführungen statt. In Westeuropa, Nordamerika und Israel war der Schwerpunkt mehr auf Purim Maskeradepartys für Erwachsene und Kinder.

Während dieses Festes, senden Menschen *misloach manot* * (Geschenke an die Armen). Es ist auch üblich, Geld zu geben. In der Synagoge, kurz vor der Lesung des *Megilla*, spenden männliche Kongressabgeordnete oft Münzen als Erinnerung an die Sitte, dass jeder Jude über zwanzig Jahre alt, einen halben Schekel für den Unterhalt des Tempels in Jerusalem bezahlte.

Weil die Stadt Susa eine ummauerte Stadt war, wurde ein zusätzlicher Tag für die Feierlichkeiten hinzugefügt. Das ist der Grund, warum eine ummauerte Stadt wie Jerusalem *Purim* am 15. von *Adar* feiert. Purim ist ein offizieller Schulferien in Israel und die Straßen sind mit Kindern und Erwachsenen mit verschiedenen Kostümen, lustigen Hüten oder Perücken gefüllt.

Das Buch von Esther wird gewöhnlich auf eine Pergamentrolle von einem koscheren Tier geschrieben. Die *Megilla* (Schriftrolle) wird oft illustriert (erlaubt, weil der Name Gottes nicht darin erwähnt wird). Die Schriftrolle wird in der Synagoge am Vorabend von Purim und am nächsten Morgen gelesen. Jedes Mal, wenn der Name von Haman erwähnt wird, benutzen die Leute ihre *ra'ashan* * (Ratsche) und stampfen ihre Füße, um Hamans Namen zu ertränken. *Purim* ist ein Fest der Freude, und das einzige Mal, dass die Leute sich betrinken dürfen - so erinnern sie sich nicht mehr daran, ob es Mordechai oder Haman war, der gelobt oder verflucht werden sollte.

Oznei Haman oder *Haman Tashen (*Hamans Ohren) sind dreieckige Kekse, die eine beliebte *Purim*-Behandlung sind. Eines der Füllungen ist Mohnsamen, genannt "Mohn" auf Jiddisch, das klingt ein bisschen wie "Haman". *Oznei Haman* bezieht sich auf die alte europäische Gewohnheit, die Ohren des Verbrechers zu zerschneiden, bevor sie gehängt wurden.

PURIM KATAN - Adar I und II

Weil das jüdische Jahr auf dem Mondkalender basiert, hat ein gewöhnliches Jahr 353 bis 355 Tage. Da jüdische Feiertage immer am selben Mondtagstag gefeiert werden, bedeutet dies, dass *Pessach* in bestimmten Jahren entweder im Sommer, im Herbst oder im Winter statt im Frühjahr gefeiert wird. Um die Drift auszugleichen, wurde ein zusätzlicher Monat alle drei Jahre hinzugefügt - *Adar I*, während der reguläre Monat *Adar II* genannt wurde. Das "schwangere" oder Schaltjahr hat 383 bis 385 Tage. *Purim* wird immer am 14. (oder 15.) von *Adar* gefeiert, daher feiern einige Gemeinden ein "*Purim Katan*" (ein kleines Purim), wenn es ein Schaltjahr gibt, zusätzlich zu den echten *Purim*.

Es wird geglaubt, dass Mose am 7. Tag von *Adar I* geboren wurde und am selben Tag in *Adar II* gestorben ist.

"Und Mose, der Knecht des HERRN, starb im Land Moab, nach dem Wort des HERRN; und er begrub ihn im Tal, im Land Moab, Beth-Peor gegenüber; aber niemand kennt sein Grab bis zum heutigen Tag. Und Mose war 120 Jahre alt, als er starb; seine Augen waren nicht schwach geworden, und seine Kraft war nicht gewichen." Deuteronomium 34: 5-7
Orthodoxe Juden schnell an diesem Tag, und fügen Sie ein besonderes Gebet vor Synagoge Dienstleistungen. Jüdische Beerdigungsgesellschaften treffen sich oft auf dem siebten von *Adar*.

Niemand kennt den genauen Ort des Mose-Todes, deshalb hat die IDF den 7. von *Adar* gewählt, um eine besondere Gedenkfeier für Soldaten zu führen, deren Körper nicht gefunden wurden oder nicht identifiziert werden konnten. Auf dem Berg Herzls IDF-Friedhof ist eine Mauer mit den Namen von 588 gefallenen israelischen Soldaten, deren Gräber unbekannt sind.

KAPITEL 26

ALIJA UND DIE EINSAMMLUNG DER EXILE

Alija * ist das Wort, das die Rückkehr des jüdischen Volkes aus dem Exil in der Diaspora zurück in das Land Israel beschreibt.

**Und als ich sah, wie sich der afrikanische
Jude über den Ofen beugte,
Um den Barren aus glühendem Stahl
herauszuziehen,
Und es mit der Zange an die
Einwanderer aus dem Balkan,
Ich sah ein Volk, das auf seinen
Fundamenten fest steht.
Sie sind Juden aus Tripolis, der Türkei,
Sana'a und Lemberg,
Von Sofia und Yassi, rasiert, schwerbärtig.**

Natan Alterman

Das Wort stammt aus dem Verb "*la'alot*" - "aufzustehen" oder "aufzusteigen" in einem positiven spirituellen Sinn. Teilnehmer einer *Alija* heißen hebräisch *Olim* (Singular: fem. *Olah*, mask. *Oleh*) das bedeutet "Wer nach oben geht." Die entgegengesetzte Aktion, die Auswanderung aus Israel, wird als *Yerida* (Abstieg) bezeichnet.

Nach jüdischer Tradition ist das Reisen in das Land Israel ein Aufstieg, sowohl geographisch als auch metaphysisch. In frühen rabbinischen Zeiten lebten viele Juden in Ägypten, Babylonien oder im Mittelmeerraum. Sie "machten einen Aufstieg" beim Besuch Jerusalem, das ist 2.700 Fuß über dem Meeresspiegel.

Alija, die Einwanderung von Juden nach *Eretz Israel* (das Land Israel), ist ein wichtiges jüdisches Kulturkonzept und ein wesentlicher Bestandteil des Zionismus.

SAGEN ÜBER *ERETZ ISRAEL*

♦ Ein Land mit Milch und Honig fließend
♦ Um den Kauf eines Hauses im Land Israel zu bewirken, kann die Urkunde sogar am Sabbat geschrieben werden.
♦ Nur im Heiligen Land kann sich der jüdische Geist entwickeln und ein Licht für die Welt sein.
♦ Gott nahm das Maß aller Länder und stellte fest, dass nur das Land Israel für das jüdische Volk geeignet war.
♦ Einer, der im Land Israel lebt, soll den Einen Gott anbeten; Wer außerhalb des Landes Israel lebt, wird als ob er keinen Gott hat.
♦ Das Leben im Land Israel ist allen anderen Geboten gleich.
♦ Das erste, was zu tun ist, wenn man das Land Israel betritt, ist, das Land zu kultivieren.
♦ Die Toten des Landes Israel werden als erstes auferstanden sein [am Ende der Tage].

Es ist in Israels Gesetz der Rückkehr verankert, das jeden Jude (als solcher von *Halacha* * und / oder israelischem weltlichem Gesetz) und förderungsfähigen Nichtjuden (ein Kind und ein Enkel eines Juden, der Ehegatte eines Juden, der Ehegatte) Eines Kindes eines Juden und des Ehegatten eines Enkels eines Juden), das gesetzliche Recht auf begünstigte Einwanderung und Ansiedlung in Israel sowie die israelische Staatsbürgerschaft.

Viele religiöse Juden vertreten *Alija* als Rückkehr zum gelobten Land und betrachten es als die Erfüllung der biblischen Verheißung Gottes an die Nachkommen der hebräischen Patriarchen Abraham, Isaak und Jakob.
Einige glauben, dass *Alija* eines der 613 Gebote ist.

Im zionistischen Diskurs schließt *Alija* (Plural *Alijot*) sowohl die freiwillige Einwanderung für ideologische, emotionale oder praktische Gründe als auch die Massenflucht der verfolgten Judenpopulationen ein. Die überwiegende Mehrheit der israelischen Juden verfolgt heute die jüngsten Wurzeln ihrer Familie nach außerhalb des Landes. Während viele sich aktiv entschieden haben, sich in Israel und nicht in einem anderen Land niederzulassen, hatten viele wenig oder gar keine Wahl, ihre früheren Heimatländer zu verlassen. Während Israel gemeinhin als "ein Land der Einwanderer" anerkannt wird, ist es auch in großem Maße ein Land der Flüchtlinge.

Das allererste Wort von 2 Chronik 36:23 (hebräische Bibel) ist *veya'al*, eine Verbform, die aus der gleichen Wurzel wie *Alija* stammt, was bedeutet "Lass ihn hinaufgehen" (nach Israel).

Rückkehr in das Land Israel ist ein wiederkehrendes Thema in jüdischen Gebeten, die dreimal am Tag rezitiert wurden. Auch bei Urlaubsdiensten auf *Pessach* und *Jom Kippur* schließen die Gebete mit den Worten "nächstes Jahr in Jerusalem".

Weil die jüdische Abstammung ein Recht auf die israelische Staatsbürgerschaft bieten kann, hat Alija sowohl eine weltliche als auch eine religiöse Bedeutung. In allen historischen Perioden, in denen die Rückkehr ins Land Israel möglich war, sind jüdische Gruppen und Einzelpersonen in die jüdische Heimat zurückgewandert. Für religiöse Juden war *Alija* (und ist immer) mit dem (ersten) Kommen des Messias verbunden. Er sollte das Land Israel von der heidnischen Herrschaft erlösen und das Weltjudentum unter einer Halachischen Theokratie ins Land zurückbringen.

Abraham - der erste *Oleh Chadash,* und seine
Familie kamen um 1800 v.Chr. In das Land
Kanaan. Jakob und seine Familie gingen nach
Ägypten, und Jahrhunderte später (um 1300 v.
Chr.) Führten Mose und Josua die Israeliten
zurück nach Kanaan. Nach dem babylonischen
Exil kehrten etwa 50.000 Juden nach Zion nach
der Cyrus-Erklärung von 538 v. Chr. Zurück.
Esra der Schreiber führte die jüdischen Exilan-
ten, die in Babylon in ihrer Heimatstadt Jerusa-
lem in 459 v. Chr. Lebten. Andere kehrten wäh-
rend der Ära des zweiten Tempels zurück.

Während des Mittelalters führten Blutlibels,
Pogrome und Verfolgung viele Juden zum Land
Israel. Im 18. und frühen 19. Jahrhundert
fügten Tausende von Anhängern verschiedener
Kabbalist und Chassidischer Rabbiner den
jüdischen Bevölkerungen in Jerusalem,
Tiberias, Hebron und Safed erheblich hinzu.
Die messianischen Träume des Vilna Gaon
inspirierten eine der größten vorzionistischen
Einwanderungswellen nach *Eretz Israel.*
Im Jahre 1808 setzten sich Hunderte von
Gaons Jüngern, die als *Peruschim* bekannt wa-
ren, in Tiberias und Safed und bildeten später
den Kern des alten *Yishuv* Jerusalem. Im ersten
Jahrzehnt des neunzehnten Jahrhunderts
zogen Tausende von Juden aus Persien und
Marokko, Jemen und Rußland nach Israel.
Viele weitere wurden durch die Erwartung der
Ankunft des Messias im jüdischen Jahr 5600
(1840) gezeichnet.

Zwischen 1882 und 1903 ließen sich etwa
35.000 Juden aus dem russischen Reich
(*Hoveivei Zion* und *Bilu*-Bewegungen) und eine
kleinere Gruppe aus dem Jemen in dem dama-
ligen osmanischen Palästina nieder. Viele
etablierte landwirtschaftliche Gemeinschaften,
z.B. Petach Tikvah, Rishon lezion, RoschPina
und Zichron Ya'akov. Jemenitische Juden ließen
sich in Silwan, einem arabischen Vorort von
Jerusalem, an den Hängen des Ölbergs nieder.

**WEISE WORTE VON
David Ben-Gurion
(1886-1973)**

- "In Israel, um ein Realist zu sein, müssen
  Sie an Wunder glauben."
- "Wir sind ein Land, das mehr auf Menschen als auf Territorium gebaut wird,
  die Juden werden von überall kommen:
  aus Frankreich, aus Rußland, aus Ameri-
  ka, aus Jemen ... Ihr Glaube ist ihr Pass."
- "Es gibt elf Millionen Juden in der Welt,
  ich sage nicht, dass alle hierher kommen
  werden, aber ich erwarte mehrere Millionen, und mit natürlicher Zunahme kann
  ich mir einen jüdischen Staat von zehn
  Millionen vorstellen."
- „Das Leiden macht ein Volk größer, und
  wir haben viel gelitten, wir hatten eine
  Nachricht, die Welt zu geben, aber wir
  waren überwältigt, und die Botschaft
  wurde in der Mitte abgeschnitten. In der
  Zeit wird es Millionen von uns geben -
  immer stärker und stärker - und wir werden die Botschaft vervollständigen. "

Zwischen 1904 und 1914 wanderten 40.000
(hauptsächlich russische) Juden wegen der
Pogrome und Ausbrüche des Antisemitismus in
das osmanische Palästina ein. Diese sozialisti-
sche, idealistische Gruppe gründete den ersten
Kibbuz, Degania, im Jahre 1909. Sie bildeten
auch Selbstverteidigungsorganisationen wie
Hashomer, um der zunehmenden arabischen
Feindseligkeit entgegenzuwirken und Juden zu
helfen, ihre Gemeinschaften vor arabischen
Banditen zu schützen.

Eliezer Ben Yehuda belebte Hebräisch als die Landessprache; Hebräische Zeitungen und Literatur wurden veröffentlicht und politische Parteien und Arbeiterorganisationen gegründet.

Eliezer Ben Yehuda

Nach dem Ersten Weltkrieg, zwischen 1919 und 1923, ließen sich 40.000 (hauptsächlich russische) Juden in dem Land nieder, das jetzt britisches Mandat Palästina geworden war. Viele Pioniere, *chalutzim*, die in der Landwirtschaft ausgebildet wurden, bildeten selbsttragende Volkswirtschaften. Trotz der britischen Einwanderungsquoten erreichte die jüdische Bevölkerung bis Ende dieses Zeitraums 90.000.

Das Jezreel-Tal und die Hefer Plain (Hulah Valley) Sümpfe wurden entwässert und in landwirtschaftliche Nutzung umgewandelt. Zusätzliche nationale Institutionen entstanden wie die *Histadrut* (General Labor Federation und die Haganah, der Vorläufer der Israel Defense Forces (IDF). Der zunehmende Antisemitismus in Polen und Ungarn führte zwischen 1924 und 1929 zur Ankunft von 82.000 Juden. Unter ihnen waren viele bürgerliche Familien, die in die wachsenden Städte zogen, kleine Unternehmen und Leichtindustrie gründen.

Der Aufstieg des Nationalsozialismus in Deutschland brachte zwischen 1929 und 1939 eine neue Welle von 250.000 Einwanderern. Auf diesem sogenannten Fünften Alija kamen die meisten Menschen aus Osteuropa; Dazu gehörten auch deutsche Fachleute, Ärzte, Rechtsanwälte und Professoren. Flüchtlingskünstler führten die Bauhausarchitektur ein und gründeten die Palästina-Philharmoniker. Der neue Haifa-Hafen und seine Ölraffinerien verleihen der überwiegend landwirtschaftlichen Wirtschaft erhebliche Industrie.

Alijat Hano'ar (Jugend *Alija*) rettete Tausende von deutschen jüdischen Kindern von den Nazis im Dritten Reich. Es arrangierte ihre Umsiedlung im britischen Mandat Palästina in Kibbuzim und Jugenddörfern, die sowohl Heim und Schule wurde. Die Organisation wurde 1933 von Recha Freier in Berlin gegründet, am selben Tag, an dem Adolf Hitler die Macht übernahm. Bei der Ankunft in Palästina wurden die Kinder von Henrietta Szold begrüßt. In allem wurden 5.000 Jugendliche nach Palästina vor dem Zweiten Weltkrieg gebracht und erzogen an Jugend-*Alija*-Internaten.

Andere wurden in den frühen Kriegsjahren aus dem besetzten Europa geschmuggelt, manche nach Palästina, England und anderen Ländern. Nach dem Krieg wurden weitere 15.000 (die meisten von ihnen Holocaust-Überlebenden) nach Palästina gebracht.

Heute ist Jugend *Alija* eine Abteilung der jüdischen Agentur, die weiterhin junge Menschen aus Nordafrika, Mittel- und Osteuropa, Lateinamerika, der Sowjetunion und Äthiopien nach Israel bringt.

Die Spannungen zwischen Arabern und Juden setzten sich fort, was schließlich zum arabisch-israelischen Konflikt führte. Das Weißbuch von 1939, herausgegeben von der pro-arabischen britischen Regierung, beschränkte die jüdische Einwanderung auf 75.000 Menschen in fünf Jahren.
Es gab keine Möglichkeit, die Einwanderung illegal fortzusetzen - die *Alija* Wette.

Zwischen 1933-1948 wurde *Ha'apala* (sekundäre Einwanderung) von der *Mossad Le'Alija Bet* sowie von der Irgun organisiert. Die meisten Einwanderer kamen auf dem Seeweg, aber einige über Land durch den Irak und Syrien. Zwischen dem Zweiten Weltkrieg und der Unabhängigkeit Israels im Jahr 1948 wurde *Alija Bet* die Hauptform der jüdischen Einwanderung.

Nach dem Zweiten Weltkrieg eskalierte die illegale Einwanderung, als viele Holocaust-Überlebende sich dem *Alija* anschlossen.

1948-1950 sah die "Zutaten der Exil" - der *Kibbuz Galuyot.*
Der amerikanische jüdische Joint Distribution Committee (The Joint) wurde 1914 gegründet. Ihre Fonds, diplomatische Fähigkeiten und eine gut geführte Organisation sorgten für die Rettung von Juden in großem Maßstab. Mit der Geburt des Staates Israel im Jahre 1948 wurde die jüdische Agentur für Israel als die für *Alija* in der Diaspora zuständige Organisation beauftragt.

Bald nach seiner Gründung im Jahre 1948 fühlte sich der aufstrebende Staat Israel sowohl in der Nahrung als auch in der Fremdwährung fehlte. In nur dreieinhalb Jahren hat sich die jüdische Bevölkerung Israels verdoppelt, um fast 700.000 Einwanderer erhöht. Folglich hat die israelische Regierung Maßnahmen ergriffen, um die Verteilung der notwendigen Ressourcen zu kontrollieren und zu überwachen, um für alle israelischen Bürger gleiche und reibungslose Rationen zu gewährleisten. Sparsamkeit hatte ihre Vorteile - keiner blieb hungrig, und Schutz wurde für alle Einwanderer gefunden.

Zwischen 1948 und den frühen 1970er Jahren waren etwa 900.000 Juden aus arabischen Ländern verlassen, flohen oder wurden vertrieben. Die gesamte Gemeinschaft der jemenitischen Juden (ca. 49.000) wurde in Operation Magic Carpet nach Israel gebracht.

Operation Esra und Nehemiah brachten 114.000 irakische Juden nach Hause. Nach der islamischen Revolution wanderten über 30.000 iranische Juden nach Israel ein. Die massive Luftbrücke, die als Operation Moses bekannt ist, begann am 18. November 1985, äthiopische Juden nach Israel zu bringen und endete am 5. Januar 1986. In sechs Wochen wurden etwa 6.500-8.000 äthiopische Juden vom Sudan nach Israel geflogen. Schätzungsweise 2.000-4.000 Juden starben auf dem Weg zum Sudan oder in sudanesischen Flüchtlingslagern. Im Jahr 1991 wurde Operation Solomon ins Leben gerufen, um die *Beta Israel* Juden von Äthiopien zu bringen. An einem Tag (24. Mai) landeten 34 Flugzeuge in Addis Abeba und brachten 14.325 Juden aus Äthiopien nach Israel. Äthiopische Juden wanderten weiter nach Israel ein. Heute ist ihre Zahl über 100.000.

Ein "Gehirn-Abfluss" fürchtend und Erschöpfung ihrer Intelligenz, war Massenauswanderung politisch unerwünscht für das sowjetische Regime. Nach dem Sechstagekrieg von 1967 begannen die staatlich kontrollierten Massenmedien antizionistische Propagandakampagnen. Ende der sechziger Jahre war die Mehrheit der sowjetischen Juden assimiliert und nicht religiös. Der darauffolgende israelische Sieg im Jahr 1973 über sowjetisch bewaffnete arabische Armeen rührte zionistische

Gefühle auf. Die russische jüdische Einwanderung begann in den 1990er Jahren en masse, als die liberale Regierung von Michail Gorbatschow die Grenzen der USSR eröffnete und den Juden erlaubte, das Land zu verlassen - über eine Million sowjetische Juden, die nach Israel ausgewandert waren.

Seit dem Jahr 2000 hat die politische und wirtschaftliche Instabilität mehr als 10.000 argentinische Juden dazu veranlasst, nach Israel auszuwandern. Auch von der Krise betroffen war Uruguay, von dem über 500 Juden Alija im gleichen Zeitraum gemacht haben.

In Venezuela sah eine Zunahme des heftigen Antisemitismus eine wachsende Zahl von Juden, die *Alija* während des ersten Jahrzehnts des 21. Jahrhunderts machten. Zum ersten Mal in der venezolanischen Geschichte begannen die Juden von den Hunderten nach Israel zu gehen. Im November 2010 hatte mehr als die Hälfte der 20.000-köpfigen jüdischen Gemeinde Venezuelas das Land verlassen.

Die zweite Intifada in Israel löste viele antisemitische Vorfälle in Frankreich aus. Zwischen 2001 und 2005 machten 11.148 französische Juden *Alija*. Einwanderung aus Frankreich ist im Gange.

Wie die Westeuropäischen Olim neigen die Nordamerikaner dazu, nach Israel mehr für religiöse, ideologische und politische Zwecke zu emigrieren. Allerdings brachte die anhaltende globale Finanzkrise (die im Jahr 2008 begann) viele amerikanische Juden aus finanziellen Gründen nach Israel. Sie sahen, dass Israel es geschafft hat, die Finanzkrise besser zu bewältigen als die Vereinigten Staaten und die meisten anderen Länder. Im Jahr 2009 haben 4.000 amerikanische Juden *Alija* - die größte Zahl in einem einzigen Jahr seit 1983. Ungefähr 110.000 nordamerikanische Einwanderer leben jetzt in Israel und ihre Zahlen wachsen weiter. Die Organisation *Nefesh B'Nefesh* bietet finanzielle Unterstützung, Arbeitsvermittlung und gestraffte Regierungsverfahren für nordamerikanische und britische Einwanderer.

Golda Meir war von David Ben-Gurion angewiesen worden, Mittel für den Gottesdienst der neuen Immigranten zu beschaffen. Niemand wurde abgelehnt, und jede Anstrengung wurde gemacht, ihnen Nahrung und Schutz zu bringen. Das Thema ihres Fundraisings war, dass das Geld benötigt wurde, "keinen Krieg zu gewinnen, sondern das Leben zu erhalten".

"Manchmal ging ich nach Lydda [Flughafen]", erinnert sich Golda Meir, "und beobachte die Flugzeuge von Aden, die Ausdauer und den Glauben ihrer erschöpften Passagiere bestaunend. "Hast du jemals ein Flugzeug gesehen?", Fragte ich einen bärtigen alten Mann. "Nein", antwortete er.

"Aber hattest du nicht sehr Angst vor dem Fliegen?", Beharrte ich.
"Nein", sagte er wieder ganz fest. "Es ist alles in der Bibel geschrieben, in Jesaja. "Sie werden mit Flügeln von Adlern aufstehen."
Und da stand er auf dem Flugplatz, er rezitierte die ganze Passage, sein Gesicht beleuchtet mit der Freude an einer erfüllten Prophezeiung - und vom Ende der Reise. "

Seit Mitte der 1990er Jahre gibt es einen stetigen Strom von südafrikanischen Juden, amerikanischen Juden und französischen Juden, die entweder *Alija* gemacht haben oder in Israel als Versicherungspolice für die Zukunft gekauft wurden.

Die Einwanderung der *Bnei Menashe* (Söhne von Manasse) Juden aus Indien begann in den frühen 1990er Jahren und fährt bis heute fort. In regelmäßigen Abständen veröffentlichen die israelischen Zeitungen Artikel über Gruppen von Olim, die in Israel ankommen.

Es ist immer eine wunderbare Erfahrung über die Ankunft am Flughafen Ben Gurion einer Gruppe von neuen Immigranten zu sehen oder zu lesen. Stolz winken sie ihren israelischen Personalausweis, sie sind bereit, ihr neues Leben in Israel zu beginnen.

Einige *Olim* erhalten besondere Aufmerksamkeit - vor allem Singles oder Paare in ihren achtziger oder sogar neunziger Jahren, die schließlich beschlossen, "nach Hause zu kommen". Das älteste Ehepaar, das *Alija* im Februar 2012 in Israel landete. Phillip (95) und Dorothy (93) Grossman aus Baltimore waren Teil einer *Nefesh B'Nefesh* Gruppe mit mehr als 40 weiteren neuen Immigranten aus Nordamerika. Die Grossmans fuhren sofort nach ihrem neuen Zuhause in Jerusalem. Das amerikanisch geborene Paar ist seit 71 Jahren verheiratet.

> *"Die Aufnahme dieser Immigranten wäre über die Fähigkeit eines gut etablierten, wohlhabenden Landes hinausgegangen, geschweige denn ein neugeborenes und kämpfendes, um sich zu verteidigen."*
> Chaim Herzog

Im Jahr 1951 sprach Moshe Sharett über eine Gottesdienstversammlung von neuen Immigranten an einem Wohnprojekt in der Nähe von Rishon le-Zion. Er gab fünf verschiedene Adressen in Jiddisch, Türkisch, Arabisch, Französisch und Hebräisch.

Eines ihrer drei Kinder lebt schon in Israel und eine zweite Pläne, in diesem Sommer in das Land zu ziehen.

Die älteste Person, die jemals *Alija* gemacht hat, ist eine Frau aus New York, die im Alter von 102 Jahren nach Israel zog, ein weiterer Baltimore-Resident machte *Alija* im Alter von 99 Jahren.

Für einen Juden, ist es nie zu spät nach Hause kommen!

Im Jahr 2008, Ya'akov Manlun, 97, und seine Frau Orah, 88, neue Immigranten aus dem *Bnei Menashe* Stamm von Indien, verheiratet in einer großzügigen Zeremonie mit vielen Gästen in Kiryat Arba. Ya'akov und Orah mussten 15 Jahre warten, um die Erlaubnis zu erhalten, *Alija* zu machen. Sie haben neun Kinder (drei davon auch *Alija*) und fast 70 Enkelkinder, Ur-Enkel und Ur-Ur-Enkel, die in Israel und Indien leben. Das Paar war seit fast 70 Jahren verheiratet. Nach dem Abschluß ihres Umwandlungsprozesses wollten sie nach dem Gesetz von Mose wiederverheiratet werden.

KAPITEL 27

SEFER TORA

Nach dem jüdischen Gesetz ist eine sefer *Tora* (Plural: *Sifrei Tora*) oder *Tora* Rolle eine Kopie des formalen hebräischen Textes der Fünf Bücher von Moses, die auf *gevil* oder *klaf* (Formen des koscheren Pergaments) geschrieben wurden, indem sie eine Spule (oder Andere zugelassene Schreibutensilien) in Tinte getaucht Produzieren oder Inbetriebnehmen einer *Sefer Tora* erfüllt einen der 613 *Mitzvot*. Die Rolle wird hauptsächlich im Ritual der Tora-Lesung während der Synagogen-Dienste verwendet. Wenn es nicht benutzt wird, ist es im *Aron Kodesh** (Heilige Arche) gespeichert, in der Regel ein verziertes Vorhang-Kabinett oder Abschnitt der Synagoge vor Jerusalem, die Richtung Juden Gesicht beim Beten. In Jerusalem steht die Arche dem Tempelberg in Jerusalem gegenüber, wo der Tempel einmal stand.

Für nicht-rituelle Funktionen wird der *Chumash* * (Fünf-teilig - für die fünf Bücher von Moses) verwendet. Dies ist ein gedrucktes und gebundenes Buch, oft begleitet von Kommentaren oder Übersetzungen. Die *Tora* Lesung ist traditionell für Montag und Donnerstag morgens sowie für *Sabbat* und jüdische Feiertage reserviert. Die Anwesenheit eines *Minjan** ist erforderlich für die Lektüre der *Tora*, die im Laufe der Gottesdienste in der Öffentlichkeit stattfindet.

Wenn die Schriftrolle geöffnet ist, um gelesen zu werden, wird sie auf ein Stück Tuch gelegt, das die *Mappa* genannt wird. Beim Singen der Tora folgt der dichte Text mit Hilfe eines *Jad** (Zeigestab) der die Schriftrollen schützt, indem ein unnötiger Kontakt der Haut mit dem Pergament vermieden wird.

Wenn die *Sefer-Tora* durch die Synagoge getragen wird, können die Mitglieder der Kongregation die Schriftrolle mit dem Rand ihres *Tallits* berühren und dann als ein Zeichen des Respekts küssen. Einige Gemeinden verkleiden sich nicht in einer *Mantel-Tora* in einem Mantel, sondern benutzen einen *Tik* (Zier-Holzkoffer, der die Schriftrolle schützt). Sephardi-Gemeinschaften nennen die Mantel *Vestidos*.

Segnung vor dem Lesen der Tora

„Lobet den Herrn, der gelobt wird! Gelobt sei der Herr, der für alle Ewigkeit gelobt wird. Gesegnet bist du, Herr, unser Gott, König des Universums, der uns aus allen Völkern erwählt und uns seine Tora gegeben hat. Gesegnet bist du, Herr, Geber der Tora.“

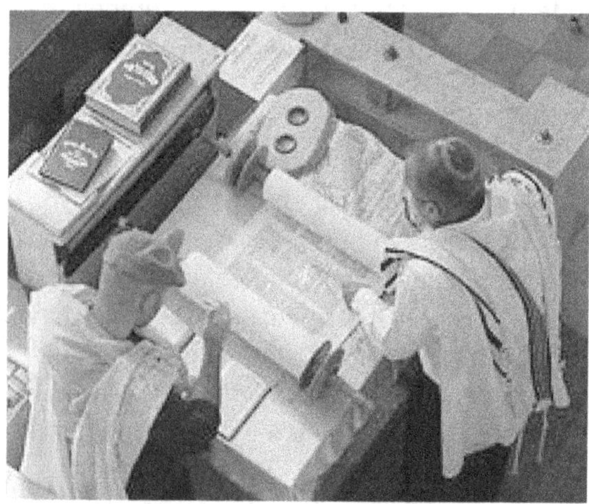

Segnung nach dem Lesen der Tora

„Gesegnet bist du, Herr, unser Gott, König des Universums, der uns die Tora der Wahrheit gegeben und das ewige Leben in uns gepflanzt hat. Gesegnet bist du, Herr, Geber der Tora.“

Ketav Stam ist die spezifische jüdische traditionelle Schrift, mit der *Sifrei Tora*, *Tefillin, Mezuzot* und die Fünf *Megillot* geschrieben werden. Der Mann, der sie schreibt, heißt *Sofer Stam*. Das Schreiben erfolgt durch eine Feder und spezielle Tinte (*Dyo*) auf spezielle Pergament namens *Klaf*. Heute sind einige Gelehrte beschlossen, sich zu werden, oder geschulte Schreiber.

Um einen besonderen Anlass oder Gedenken zu markieren, beauftragen Gemeinden oder Einzelpersonen eine *Sefer Tora,* die Tausende von Dollar kosten kann. Ganz geschrieben auf Hebräisch, eine sefer Tora enthält 304.805 Briefe, die alle genau durch einen geschulten Sofer dupliziert werden müssen. Es dauert etwa eineinhalb Jahre, um eine sefer Tora fertig zu stellen. Ein Fehler während der Transkription kann den Scrollen *Pasul* (ungültig) machen.

Irgendwelche Fehler sind im Laufe der Produktion unvermeidlich. Wenn der Fehler ein anderes Wort als den Namen Gottes beinhaltet, kann es von der Schriftrolle ausgelöscht werden, indem man den Buchstaben mit einem scharfen Gegenstand abschabt. Wenn der Name Gottes in Irrtum geschrieben ist, muss die gesamte Seite aus der Schriftrolle geschnitten werden und eine neue Seite hinzugefügt werden. Von Anfang an neu geschrieben, wird die Seite dann in die Schriftrolle genäht, um die Kontinuität des Dokuments aufrechtzuerhalten. Die alte Seite ist in einem *Geniza** begraben.

Die meisten modernen *Sifrei Tora* sind mit zweiundvierzig Zeilen Text pro Spalte geschrieben (jemenitische Juden verwenden fünfzig). Sehr strenge Regeln über die Position und das Aussehen der hebräischen Buchstaben werden beachtet, aber Schreiber können mehrere hebräische Schriften verwenden.

Die Bücher der *Tora* sind:

♦ Genesis (*Bereshit* - am Anfang)

♦ Exodus (*Shemot* - Namen)

♦ Leviticus (*Vayyikra* - und er rief)

♦ Zahlen (*Bamidbar* - in der Wüste)

♦ Deuteronomium (*Devarim* - Worte, Diskurse)

Die *Hachnasat Sefer Tora* Zeremonie

Einleitung einer neuen sefer Tora in eine Synagoge ist in einer Zeremonie bekannt als *Hachnasat Sefer Tora* (lit. Einleitung in der *Tora* Scroll). Dies wird oft von feierlichem Tanzen, Gesang und einer festlichen Mahlzeit begleitet.

Die alte Feier (um 1000 v.Chr. 1. Tempelära) wird in der Bibel beschrieben, wo es heißt, dass die Priester und sogar der König David *"vor der Arche [des Bundes"* getanzt haben oder *"vor dem Herrn getanzt haben"*. Als er ein Leinen-Ephod trug, tanzte David vor dem HERRN mit aller Macht, während er und ganz Israel die Lade des HERRN mit Schreien und Trompeten klingen. (Siehe 2 Samuel 6: 14-15)

Die Person, die die *Tora* beauftragt, lädt besondere Gäste zu einer Feier ein. Es ist eine große Ehre, die Gelegenheit zu geben, einen der letzten Briefe zu schreiben. Reden werden über die Bedeutung der *Tora*-Studie, unterstützt Tora und Tora leben.

Die *Hachnasat Sefer Tora* Zeremonie ist wie eine Hochzeit, da die Akzeptanz der *Tora* als analog zu einer Ehe mit Gott gesehen wird. Der Berg Sinai war das Baldachin, das jüdische Volk, die Braut, der Allmächtige, der Bräutigam und der Ring der Tora. Der Mann, der geehrt wurde, die neue *Tora*-Schriftrolle in die Synagoge zu tragen, geht gewöhnlich unter einer *Chuppa*, die oft von einem *Tallit* * auf vier Pole gemacht wurde. Die glückliche Menge von Menschen, darunter Frauen und Kinder, tanzt und singt ihren Weg in die Synagoge.
Eine vollkommene *Tora* wird mit großer Ehre und Respekt behandelt. Es ist in der Arche (*Aron Kodesh* * oder *Hechal* *) untergebracht, die wiederum von einem gestickten *Parochet* * (Vorhang) verschleiert wird. (Siehe Exodus 26: 31-34.)

Die Rolle selbst ist oft umgürtet mit einem Streifen Seide (oder *Wimpel* *) und "gekleidet" mit einem Stück schützendem feinen Stoff, genannt "Mantel des Gesetzes".

Es ist mit einem dekorativen Brustpanzer, Rollen-Griffen (*Ets Hachaim*), und der Hauptverzierung - der "Krone des Gesetzes", die gemacht wird, um über die oberen Enden der Rollen zu passen, wenn die Rolle geschlossen ist, verziert. Einige Rollen haben zwei Kronen, eine für jedes obere Ende. Die Metallarbeit wird oft aus geschlagenem Silber gefertigt, manchmal vergoldet. Die Gold- und Silberverzierungen, die zur Rolle gehören, werden kollektiv als *Kele Kodesh* (heilige Gefäße) bekannt und ähneln den Ornamenten des *Cohen Hagadol* (Hohepriester) etwas. Die Rollen-Griffe, Brustplatte und Krone haben oft kleine Glocken an ihnen.

Ein *Jad* * kann auch von der Rolle gehängt werden, da die Tora selbst nie mit dem bloßen Finger berührt werden sollte.

Die Ornamentik stellt keine Verehrung der *SeferTora* dar, sondern soll sie als gesegnet und heilig als das lebendige Wort Gottes unterscheiden.

KAPITEL 28

CHANUKAT BAYIT -
JÜDISCHE EINWEIHUNGSFEIER

"Ist ein Mann unter euch, der ein neues Haus gebaut und es noch nicht eingeweiht hat? Er gehe hin und kehre in sein Haus zurück, damit er nicht im Krieg umkommt und ein anderer es einweiht!"

Deuteronomium 20: 5

Dieser Vers befiehlt die Widmung eines neuen Zuhauses als offizielle Bestätigung seines neuen Ortes und Zweckes. Das jüdische Leben ist im täglichen Verhalten zu beobachten, aber die beiden Hauptschwerpunkte sind die Synagoge und die Heimat. Heimat wird als der Ort gesehen, wo einige Tempel-Traditionen fortgesetzt werden - die *Sabbat*-Kerzen, (Tempel *Menorah*) und der Esstisch (der Altar).

Viele religiöse Juden versuchen, in ein neues Zuhause auf *Jom Shlishi* (lit. der dritte Tag - Dienstag) zu bewegen, da dies der einzige Tag ist, an dem Gott zweimal sagte, dass es gut war. (Aus diesem Grund bevorzugen jüdische Paare auch an einem Dienstag heiraten.)

Religiöse Juden werden niemals in ein neues Zuhause am *Sabbat* oder jüdischen Feiertagen ziehen. Diejenigen, die abergläubisch sind, ziehen niemals Montags und Mittwochs um, denn nach *Kabbala* dominiert das göttliche Attribut der Schwere an diesen Tagen.

Bevor man in ein neues Zuhause zieht, haben einige orthodoxe Juden die Gewohnheit, eine Gruppe von kleinen Kindern einzuladen, um Tora im Haus zu studieren. Sie glauben, dass das *Tora*-Studium der jungen reinen Seelen eine geistig reinigende Wirkung auf die gesamte Fläche hat.

Jüdische (religiöse) Bücher und eine Wohltätigkeitsbox in die Heimat zu bringen, bevor die Bewohner den Rest der Boxen bringen, wird getan, um den jüdischen Geschmack des Hauses zu etablieren. Es ist symbolisch für den Wunsch des Besitzers, dass das Haus eine Oase des Studiums und der Freundlichkeit sein wird.

Die Namen sind auf die sieben Tage, die in der Schöpfungsgeschichte in Genesis erwähnt werden, modelliert: *"... Und es war Abend und es war Morgen, eines Tages"*.

Jom Rishon - Jom Alef - "erster Tag" – Sonntag (beginnend bei vorangegangenem Sonnenuntergang)
Jom Sheni - Jom Bet - "Zweiter Tag" – Montag
Jom Shlishi - Jom Gimel - "Dritter Tag" - Dienstag
Jom Revi'i - Jom Dalet - "vierten Tag" - Mittwoch
Jom Chamishi - Jom Heh - "fünfter Tag" - Donnerstag
Jom Shishi - Jom Wav - "sechster Tag" - Freitag
Jom Sabbat - Sabbat - "Sabbattag (Ruhetag)" - Samstag

Viele Menschen benutzen Brot, Salz und Kerzen, um ihr neues Zuhause zu initiieren. Das Brot stellt die Hoffnung dar, dass es immer genug Nahrung geben wird. Die Kerzen sind ein Symbol des Lichts und der Freude; Und das Salz ist eine Erinnerung an die Tempelopfer und Tränen vergossen.

Die versammelten Gäste werden vom Gastgeber mit einem Segen begrüßt,
"Wir segnen alle, die in Gottes Namen mit Liebe und Frieden kommen, um diesen Ort zu heiligen, da wir dieses Haus zu Hause machen."
Der Wirt rezitiert dann den *Shehecheyanu* (rezitiert auf viele freudige Gelegenheiten),
"Gesegnet bist du, Herr, unser Gott, der König des Universums, der uns das Leben gewährt hat, hat uns geholfen und es uns ermöglicht, diesen Anlass zu erreichen."

Viele religiöse Juden verlassen einen gewissen Raum oder Wand frei von Dekoration und Einrichtung als Erinnerung an die Zerstörung des Tempels. Einige Häuser haben eine sogenannte "Ecke des Gottes", die ausschließlich für Gebet und Meditation verwendet wird.

In Israel ist es üblich geworden, eine Wohnung zu begehen, um umzuziehen - der *Chanukat Bayit* (Heimat Widmung). Bei dieser Versammlung werden Worte aus der Tora gesprochen und Familie und Freunde benutzen die Gelegenheit, um ihre Segnungen und Wünsche für einen fruchtbaren und glücklichen Aufenthalt in diesem neuen Zuhause auszudrücken.
Es gibt Segen und Lieder; Manche Leute lesen den Psalm 15, der das jüdische Ideal des menschlichen Verhaltens und den Psalm 119 einkapselt, wo ein einziger Akrostiker des Wortes *"Bracha'*-Segen" gebildet wird.

Während der Housewarming ist es gewohnt, auch eine neue Frucht zu essen, daher gilt der *Shehecheyanu*-Segen sowohl das neue Zuhause als auch die neue Frucht.
Wenn das Wetter es zulässt, sammelt sich jeder vor der Haustür und beruht still auf die Segnungen, die sie für das Haus wünschen.
"Hineh ma tov u'manayim, shevet achim gam Yachad" (sehen Sie, wie gut es für Brüder ist, zusammen zu wohnen) ist ein Lieblingslied für eine Housewarming-Party.

Ein wichtiger Teil der *Chanukat Bayit* Zeremonie ist die Anbringung der *Mesusa* * an die Hausfront und andere Türen. (Mit Ausnahme der Bäder und Toiletten). Die Mesusa ist eine von vielen Symbolen im Judentum, die als Identifikator dienen, eine ständige Erinnerung an die Verpflichtung gegenüber Gott sowie eine Bejahung der Einheit Gottes.

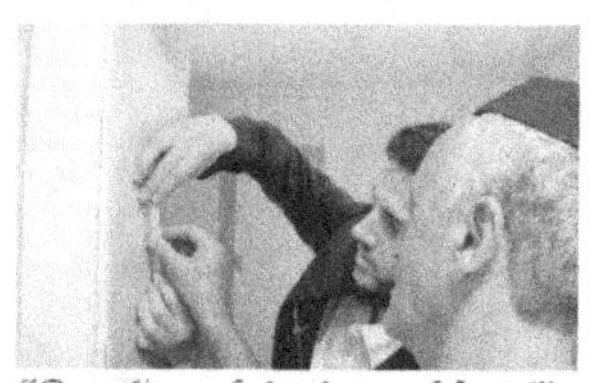

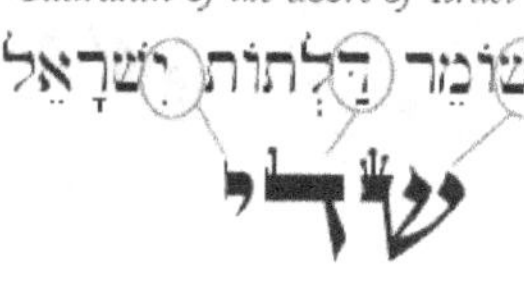

Eine *Mesusa* kann aus Holz, Metall, Stein oder Keramik hergestellt werden. Das Pergament innerhalb der *Mesusa* ist mit den Worten Deuteronomium 6: 4-9 und 11: 13-21 eingeschrieben. *Shaddai* oder der hebräische Buchstabe "*Schien*" wird oft auf der Vorderseite der Mesusa angezeigt. *Shaddai* (Allmächtiger) ist einer der Namen Gottes und eine Abkürzung für "Wächter der Türen Israels".

Historisch gesehen kann die *Mesusa* bis zu der Zeit datiert werden, in der die Juden in Ägypten Sklaven waren - alle ägyptischen Häuser hatten ein heiliges Dokument an ihrem Eingang. Mesusa bedeutet buchstäblich "Türpfosten", daher wird es auf den Türpfosten des jüdischen Heims gestellt, wie in Deuteronomium 6: 9 und 11:20 angewiesen: *"Beschreibe sie an den Türpfosten deines Hauses und an deinen Toren".*
Ursprünglich war eine abgekürzte Version des täglichen Gebets, bekannt als das *Schema*, in den Türpfosten eines jüdischen Hauses geschnitzt. Diese Praxis entwickelte sich zu einem Stück Pergament mit den 22 Zeilen des Schemas, die darauf geschrieben und an den Türpfosten gebunden waren. Das *Schema* verstärkt die Einheit Gottes. Später wurde ein hohles Schilf verwendet, um das Pergament zu schützen, das sich schließlich zu einem Container entwickelte, ähnlich dem, der heute gesehen wurde.

Manche Leute glauben, dass die *Mesusa* als Amulett dient, um das Haus zu schützen und viel Glück zu bringen. Um den "schützenden" Mechanismus der *Mesusas* zu betonen, fügen einige ultra-orthodoxe Juden kabbalistische Symbole und Inschriften zu den Zitaten auf dem Pergament hinzu. "*Shaddai*", der auf der Rückseite des Pergaments erscheint, ist ein verbleibendes Beispiel dafür.

Die Mehrheit aber sehe die *Mesusa* als Erinnerung, nicht zu sündigen und den Geboten Gottes zu folgen.

Es gilt als eine religiöse Pflicht, eine *Mesusa* auf dem vorderen Türpfosten eines jüdischen Hauses zu zeigen. Es ist eine *Mizwa* (Gebot), eine gerechte Handlung, um eine Mesusa für eine andere Heimat zu machen (oder zu spenden). Nach dem Anbringen der Mesusa, rezitiert der Gastgeber, *"Gesegnet bist du Gnädig, unser Gott, der Herr aller Welten, der uns mit deinem Mizwa heilig macht und uns befiehlt, die Mesusa anzubringen. Gesegnet sind Ewige, unser Gott, der uns das Leben gibt und uns stark hält und gebracht hat Wir zu dieser Zeit. "*

Die Gäste sind nun eingeladen, das Haus für den Segen des Brotes zu betreten, *"Gesegnet ist der, der uns mit Brot trägt."*
Jeder taucht nun ein Stück Brot in verschiedene symbolische Gewürze: Salz (symbolisiert ein Leben der Heiligkeit) Öl (Nahrung) oder Honig (Süße).
Nach dem Segen des Dankes, *"Wie wir die Quelle des Lebens segnen, also sind wir gesegnet"*, werden die Gäste eingeladen, ihre persönlichen Segnungen für das neue Zuhause zu teilen.

EIN GEBET

„Über diese Schwelle können diese Dinge niemals kreuzen: Zorn und Angst, Hass und Hunger, Beleidigung und Verletzung. Möge diese Mesusa, wie wir es küssen hinein und hinaus gehend, alle erinnern, die hereinkommen, mit sich nur Liebe und Lachen, Lob und Gebet, Freundlichkeit und Trost zu bringen. Lass die Türen dieses Hauses weit offen sein, dass alle, die hereinkommen, Schutz finden und lieben können."

KAPITEL 29

VON SCHIDDUCH ZU CHUPPA -
VERKUPPELUNG ZUR HOCHZEIT

Verkuppelung in biblischen Zeiten

Der erste aufgezeichnete *Schidduch* * in der Tora war das Spiel, das Eliezer, der Diener des Patriarchen Abraham, für den Sohn seines Meisters Isaac (Genesis 24) machte. Eliezer erhielt spezifische Anweisungen, um eine Frau von Abrahams eigenen Verwandten zu wählen. Während der jüdischen Geschichte waren arrangierte Ehen die übliche und bevorzugte Methode, um junge Menschen zu verheiraten. Der Verkuppelungs-Beruf wurde im frühen Mittelalter gegründet. Die 2% Gebühr wurde auf der Mitgift basiert. Oft war der Schadchan ein Tora-Gelehrter, der die meisten Familien kannte. Vor allem in muslimischen Ländern waren Frauen der Schatten.

Die Etymologie der Worte *Schidduch* und *Schadchan* ist unsicher. Es wird angenommen,

dass es aus dem aramäischen Wort für "Ruhe" abgeleitet wird. Der Hauptzweck des *Schidduch*-Prozesses ist für junge Menschen, sich in die Ehe zu versetzen. Im modernen Hebräisch wird ein Hefter auch als *Schadchan* bezeichnet.

Verkuppelung Heute

Das *Schidduch* ist ein System der Verkuppelung, in dem jüdische Singles in den orthodoxen jüdischen Gemeinden zum Zwecke der Ehe eingeführt werden. Im jüdischen Gesetz bezieht sich *Schidduch* auch auf das, was gemeinhin als Engagement bezeichnet wird; Das heißt, eine Vereinbarung zu heiraten.
Ein *Schidduch* entspricht dem traditionellen Judentum auf *Tzeniut* *, bescheidenes Verhalten in den Beziehungen zwischen Männern und Frauen und verhindert Promiskuität.

Orthodoxe Juden ist es nur erlaubt, einen Ehepartner zu finden. Beide Seiten (in der Regel die Singles selbst, Eltern, nahen Verwandten oder Freunde der Betroffenen) machen Anfragen über den zukünftigen Partner, z.B. Auf seinem / ihrem Charakter, Intelligenz, Lernniveau, finanzieller Status, Familien- und Gesundheitszustand, Aussehen und Niveau der religiösen Einhaltung.

Ein *Schidduch* beginnt oft mit einer Empfehlung von Familienmitgliedern, Freunden oder anderen, die Verkuppelung als *Mitzwa* * sehen. Ein professioneller *Schadchan** (Verkuppeler), erhebt eine Gebühr für seine Dienste. Rabbiner, die ihre Gemeinde gut kennen, fungieren oft als Verkuppeler. Jedoch, wer einen *Schidduch* macht, gilt als Verkuppeler. Vor allem in kleinen jüdischen Gemeinden, wo die Treffen potenziellen Ehepartner begrenzt sind, gibt ihnen der *Shadchan* Zugang zu einem breiteren Spektrum potenziellen Kandidaten

Nachdem der Partner vorgeschlagen wurde, treffen sich die potentialen Partner mehrmals, um herauszufinden, ob sie richtig sind. Die Anzahl der Termine vor der Ankündigung einer Verlobung kann je nach Kommune variieren. In einigen, dauert die Datumsfindung mehrere Monate. In strengeren Gemeinschaften kann das Paar ein paar Tage nach dem Treffen mit einander entscheiden. Unter den Chassidim, ist achtzehn das Alter, wenn *Schadchanim* sich bemerken und *Schidduchim* beginnen. In anderen Gemeinden kann dies in einem späteren Alter sein.

Auf Wunsch des Paares spricht der Schadchan zu beiden Seiten in den Anfangsstadien des Datings, um bestimmte Fragen zu klären. Vom Paar wird erwartet, dass die *Schadchan* up-to-date sind, was die *Schidduch* angeht. Wenn das Paar nicht funktioniert, wird der Schadchan kontaktiert und gebeten, der anderen Seite mitzuteilen, dass es nicht weiter gehen wird.

Und falls es klappt, informiert das Paar natürlich den Heiratsvermittler.

Baschow*

Die potenziellen Partner gehen entweder miteinander aus (immer an einem öffentlichen Ort, nie allein) oder in strengeren Gemeinschaf-ten gehen sie zu einer Baschow * (sitzen). Der junge Mann und seine Eltern besuchen die junge Frau in ihrem Haus, um zu sehen, ob das zukünftige Paar kompatibel ist. Beide Eltern sprechen miteinander, und dann, wenn die Einstellung entspannter ist, gehen sie in ein anderes Zimmer. Die Jugendlichen sind im Wohnzimmer stehend, um miteinander zu sprechen. Manche nutzen diese Gelegenheit, um sich gegenseitig Fragen zu stellen, während andere nur sehen wollen, ob sie sich gegen-seitig mögen, indem sie sich mehr auf die

Informationen verlassen, die sie vom Schadchan oder von anderen Menschen bekommen haben. Die Anzahl der Baschows vor der Ankündigung einer Verlobung variiert. Manche haben viele Baschows, während andere nur einen haben, was bei den Kindern chassidischer Rabbiner typisch ist.

Baschert

Baschert * (Jiddisch-Schicksal) wird oft im Kontext des göttlich vorangegangenen Ehepartners oder Seelenverwandten verwendet - "bascherte" (weiblich) oder "bascherter" (männlich). Manche Leute benutzen das Wort für Schicksal eines wichtigen Ereignisses, Freundschaft oder Geschehen. Moderne jüdische Singles sagen oft, dass sie nach ihrem Baschert suchen - die Person, die sie perfekt ergänzen wird und die sie perfekt ergänzen werden. Da es gilt, dass man von Gott, den man heiraten wird, vorangetrieben hat, wird der Ehegatte als bashert betrachtet, unabhängig davon, ob das Eheleben des Ehepaars gut funktioniert oder nicht.

In Anbetracht der Prävalenz einer Reihe von genetischen Erkrankungen sowohl in den Ashkenazi- als auch in den Sephardi-Gemein-schaften, räumen mehrere Organisationen nun routinemäßig große Gruppen von Jugendlichen anonym aus. Wenn ein Schidduch vorgeschla-gen wird, rufen die Kandidaten die Organisa-tion an, geben beide PINs ein und finden heraus, ob ihre Zusammenkunft zu kritisch behinderten Kindern führen könnte.

Dank dieser Organisationen gab es einen starken Rückgang der Zahl der Kinder, die mit Tay-Sachs-Krankheit und anderen genetischen Störungen geboren wurden.

EINE JÜDISCHE HOCHZEIT

" Denn wie ein junger Mann sich mit einer Jungfrau vermählt, so werden deine Söhne sich mit dir vermählen; und wie sich ein Bräutigam an seiner Braut freut, so wird dein Gott sich an dir freuen." Jesaja 62:5

Eine jüdische Hochzeit in der Antike

In der biblischen Zeit war die Ehe mehr ge-schäftlich als der Vergnügen. Durch einen aus-gehandelten Bund wurden zwei Haushalte (vorzugsweise Familie) zusammengebracht und Waren und Dienstleistungen wurden über ei-nen Zeitraum ausgetauscht. Der Vater des Haushaltes war verantwortlich für die Wahl, wer zu heiraten war. Es war gewöhnlich ein Freund des Bräutigams oder ein vertrauter Die-ner, der Verhandlungen mit dem Vater der Braut oder einem anderen Vertreter begann.

Der Ehevertrag wurde erst nach einer Reihe von Verhandlungen gegründet.
Der *Mohar (*Brautpreis) und zebed (Mitgift) musste vereinbart werden. Der Brautpreis musste die Familie der Braut für den Verlust der Arbeit der Frau entschädigen, während eine Mitgift die Hauptstadt war, die die Familie der Braut in den Haushalt ihres Mannes investierte. Es übertrug den Anteil der Braut an dem Erbe ihres Vaters an die Kinder, die sie und ihr Mann gehofft hatten. Ein Teil der Mitgift könnte in Form eines Münzkörpers kommen, der an dem Kopfkleid der Frau befestigt war. Männer haben gewöhnlich im Alter von zwanzig Jahren geheiratet; Für Mädchen war es oft um das Alter von fünfzehn, manchmal sogar jünger.

Während der Verlobungszeremonie hob die Braut eine Tasse Wein in ihre rechte Hand. (Die rechte Hand war ein Ort der Macht.) Durch das Trinken aus der Tasse, versiegelte sie die Verlobung. Es wurde ein schriftlicher Heiratsvertrag erarbeitet, der besagt, dass der *Chatan* * (lit. one, der einen Bund, den Bräutigam betritt) für seine Braut in jeder Hinsicht sorgen und sorgen würde. Unterzeichnet vor zwei Zeugen, wurde der Vertrag dann an den Vater der Braut gegeben. Die beiden tranken nun beide aus dem so genannten "Geteilte Tasse", dem Tasse der *Brit* (Bund). Die Verlobung gesichert, d.h. versiegelt, waren die beiden jetzt offiziell verheiratet.

Die Verlobung war eine private Vereinbarung, in der der Vater der Braut sagte: "*Du sollst jetzt mein Schwiegervater sein*" (Siehe 1 Samuel 18:21). Der Bräutigam brachte dann Geschenke für die Braut und ihre Familie heraus. Der Vertrag war so verbindlich, dass es nicht ohne offizielle Scheidung gebrochen werden konnte. Das Paar wurde von der Zeit, als sie den Verlobungsvertrag betraten, bis zum Hochzeitstag gebunden. Obwohl sie jetzt offiziell "verheiratet" waren, konnte das Paar noch nicht zusammenleben oder Geschlechtsver-

kehr haben. Von diesem Tag an musste das Mädchen einen Schleier außerhalb des Hauses tragen, auch wenn sie ihren Verlobten traf.

Bevor er zum Haus seines Vaters ging, machte der Bräutigam oft ein Versprechen und bestätigte, dass er für seine Braut zurückkehren würde. Normalerweise würde es ein Jahr dauern, bis die Hochzeit stattfand. Während dieser Zeit baute der Bräutigam die Brautkammer, und die Braut bereitete ihre Hochzeits-Trousseau vor. Sie wusste nicht genau, wie genau ihr Bräutigam kommen würde. Erst als der Vater des Bräutigams entschied, war die Hochzeitskammer bereit, würde er seinem Sohn erlauben, seine Braut zu holen.

Hochzeiten gingen gewöhnlich im Frühjahr (wenn die Regenzeit vorbei war), vor der Getreideernte oder im Herbst nach der Ernte der Fruchtpflanzen. Manchmal kam ein Bräutigam und seine Freunde mitten in die Nacht, um seine Braut zu entreißen. Um sie wissen zu lassen, dass sie kommen würden (so würde die Braut bereit sein), würden sie den *Schofar* blasen.

Eine hebräische Braut heißt *Kallah* * (dh "vollständig" oder "eingeschlossen"). Vor der Hochzeit unterzog sie sich einer rituellen Immersion (*mikvah / mikveh* *), um zu symbolisieren, dass sie sich von allen früheren Dingen abwandte und ein neues Leben mit ihrem Mann begann. Ihre "Gefährten" füllten ihre Haare und halfen ihr, ein farbenfrohes Kleid anzuziehen.

Dann war sie mit allen Juwelen geschmückt, die sie besaß. Auf ihrem Schleier war ein zierlicher Kopfschmuck, der das Aussehen einer Königin nahelegte, während der Bräutigam auch ein Diadem auf dem Kopf trug. Manchmal wurden Braut und Bräutigam auf einem Wurf getragen, wie ein König und eine Königin.

Während des Brautzuges war die Braut stark verschleiert. Sie würde so bleiben, bis die Ehe am ersten Abend vollzogen wurde. Ein anderer Brauch war für den Bräutigam, den Schleier zu entfernen, legte ihn auf seine Schulter und erklärte: *"Die Regierung wird auf seiner Schulter sein."* Dies zeigte, dass die Braut von der Autorität ihres Vaters zu der ihres Mannes gegangen war.

Beleuchtet von Fackelträgern und begleitet von Tamburinen und Musikern, ging die Prozession in Richtung des Hauses des Bräutigams. Kluge Gefährten der Braut sorgten dafür, dass sie genug Öl in ihren Lampen hatten, um ihren Freund zum Hochzeitsfest zu begleiten.

Das Hochzeitsmahl begann bei der Ankunft des Paares im Haus des Bräutigams. Der Heiratsvertrag wurde ratifiziert, als er seinen Mantel über diese Braut verbreitete und sie ihre Frau (Frau) nannte. Das Paar war gesegnet, *"Unsere Schwester, mögen Sie zu Tausenden auf Tausend erhöhen; Mögen deine Nachkommen die Tore ihrer Feinde besitzen. "* Genesis 24:60

Wohlhabende Familien bieten Hochzeitskleider für die Gäste. Das Ehefest war eine Zeit der Freude, Musik machen, tanzen, singen und nach Rätseln fragen. Der Wein floss, und es gab viel Essen.

Unter den Augen der Hochzeitsgäste zogen sich die Paare in die Hochzeitskammer zurück, um ihre Hochzeit zu vollenden.
Um *echad* zu werden (ein Fleisch) heißt auch *Kidduschim / Kidduschin* (Heiligung oder Ratifizierung). Der alte Name ist *yichud* * ("das Wissen") Die Familie der Braut zeigte den Gästen die blutbefleckten Bettdecken, die nun Zeugen waren, dass die Ehe vollendet war. Nachweis der Jungfräulichkeit der Braut war ihre Versicherung. Im Zweifelsfall konnte sich ihre Schwiegereltern verweigern, den Brautpreis zu bezahlen.
Eine Ehe wurde nur legal, wenn sowohl die Mitgift als auch der Brautpreis während der sieben Tage der Hochzeitsfeiern bezahlt wurden. Der Transfer musste offiziell von den Dorf- oder Stadtältesten und anderen Hochzeitsgästen bezeugt werden.

Die Brautkammer, in der das Ehepaar ihre Ehe vollbrachte, begann in der talmudischen Zeit die *Chuppa* zu nennen. Das gesetzlich verheiratete Ehepaar würde zuerst eine Stunde zusammen in einem gewöhnlichen Raum verbringen, woraufhin die Braut in die *Chuppa* kam. Erst nachdem sie ihre Erlaubnis erworben hatte, würde der Bräutigam ihr beitreten. Joel 2:16 und Psalm 19: 5 sprechen über die "Brautkammer" und einen "Pavillon".

In talmudischen Zeiten, Sonntag und Mittwoch waren geeignete Hochzeitstage, weil das Gericht sich am Montag und Donnerstag traf. Jede Behauptung über die Jungfräulichkeit der Braut konnte sofort nach der Hochzeitsnacht eingereicht werden. Einige Gemeinden zogen es vor, Hochzeiten auf einem *RoschChodesh* zu haben (es sei denn, es fiel mit dem *Sabbat* oder anderen verbotenen Tagen zusammen). Der wachsende Mond wurde als Symbol für Wachstum und Fruchtbarkeit angesehen. Weil Reisen, Arbeiten und eine neue Vereinbarung auf *Sabbat* verboten waren, konnten an diesem Tag keine Hochzeiten stattfinden.

Sabbat war immer ein Tag der Freude, und jede Gelegenheit für Freude und Feier sollte einzeln beachtet werden und nicht mit einem anderen kombiniert werden. Zwei Mitglieder derselben Familie würden nicht einmal daran denken, am selben Tag zu heiraten.

Eine jüdische Hochzeit heute In der heutigen Zeit, *Jom Shlishi,* der dritte Tag der Woche (Dienstag) ist weiterhin ein beliebter Tag für eine Hochzeit, denn in Genesis 1: 10-12 sagt es zweimal: *"... und Gott sah, dass es gut war. "*

Die beiden Ereignisse (Verlobung und Ehe) wurden im Mittelalter (um das 16. Jahrhundert) zu einer einzigen Zeremonie. Heute hat eine jüdische Hochzeit zwei verschiedene Stufen oder *Kidduschim* (Heiligung oder Hingabe), die die *Erusin* * (Verlobung) und *Nissuin* * (Ehe) sind. Während in alten Zeiten, könnte es ein Jahr zwischen diesen beiden Veranstaltungen, heute sind sie oft zu einer Zeremonie kombiniert. Die Brauchtum und die Traditionen können zwischen den sephardischen und ashkenazischen Juden sowie unter den unterschiedlichsten religiösen Beobachtungen variieren. In diesem Kapitel beschreiben wir die Sitten einer ashkenazischen religiösen Hochzeit. Der *chatan* * (Bräutigam) und *kallah* * (Braut) sind mit einem König und einer Königin verglichen und deshalb mit großer Ehre und Fanfare vor, während der Hochzeit und in der Woche nach ihrer Vereinigung behandelt zu werden.

Eine neue Gewohnheit ist der *Sabbat Kallah,* der vor der Hochzeit auf dem Sabbat stattfindet. Frauenfreunde feiern die Braut, bringen ihre Freude, und bringen sie zum Lachen und helfen ihr, das Lampenfieber zu überwinden.

Das *mikvah / mikveh* * (Ritualbad) ist ein wesentlicher Bestandteil der jüdischen Gesetze der Familienreinheit. Während des Verpflichtungszeitraums ist es üblich, dass das Paar diese Gesetze mit einem Lehrer studiert.

Um sich geistig zu reinigen, taucht eine Braut innerhalb der letzten 4 Tage vor der Hochzeit in den *mikveh* ein. Normalerweise bezahlt der Bräutigam auch aus demselben Grund den Ritualbad.

Braut und Bräutigam dürfen sich nicht in der Woche vor der Hochzeit sehen. Die Gemeinde glaubt, dass dies die Freude, sich wieder an ihrem Hochzeitstag zu sehen, erhöhen wird.

Ein *Shomer / Shomeret* * (lit. guard) hat die Rolle des besten Mannes / Magd der Ehre. Sie handeln als Go-Betweens für das Paar während der Woche, dass sie sich nicht sehen können. Am Hochzeitstag sorgen sie dafür, dass die Braut und der Bräutigam sicher und so stressfrei wie möglich an die Hochzeit kommen. Wenn das Paar im Begriff ist, ein neues Leben zusammen zu beginnen, gilt der Hochzeitstag als ein persönlicher *Jom Kippur* für die Braut und den Bräutigam. Beobachtete Juden fügen sogar den Jom Kippur Beichtstuhl zu ihren privaten Nachmittagsgebete hinzu. Dies ist auch der Grund, warum viele Paare vom Essen und Trinken an ihrem Hochzeitstag absehen, es sei denn, sie fühlen sich schwach oder haben eine Krankheit.

Tena'im * sind Verlobungsdokumente ähnlich einem Verpflichtungsvertrag, vereinbart und unterzeichnet von zwei Vertretern - einer der Bräutigam und einer der Braut. Weil das Brechen einer Verlobung als ein ernster Bruch der Ehre gilt, vereinbaren die meisten Paare, dass die *Tena'im* kurz vor der Hochzeit unterschrieben werden.

Kabbalat Panim * (lit. Gruß der Gesichter) ist der Eröffnungsempfang der Hochzeit. Während der *Kabbalat Panim* werden die Braut und der Bräutigam wahrhaftig wie ein König und eine Königin. Auf einem Thron-Stuhl sitzend und von den Frauen ihrer Familie umgeben, segnet die Braut die weiblichen Gäste. In ihrer Rolle als Königin für den Tag segnet sie oft ihre Freunde.

Männliche Gäste kommen, um den Bräutigam an seinem Tisch zu grüßen (Jiddisch - Tisch). Manchmal teilt man sich in seiner Ehre einen *l'chaim* (Toast). Während dieser Rezeption wird die *Tena'im* geschlossen und von zwei Zeugen unterzeichnet.

Nach dem Lesen der *Tena'im* laut, findet die "Bruch der Platte" Zeremonie statt. Durch das Zerschlagen einer keramischen Platte zusammen, Mütter der Braut und des Bräutigams symbolisieren die Ernsthaftigkeit des Engagements zwischen ihren Familien - So wie das Brechen der Platte endgültig ist, so ist auch das Engagement.

Jetzt gesetzlich verlobt, kann das Paar vertraglich verheiratet sein. Zwei Zeugen unterschreiben die *Ketubah* und sprachen die Verpflichtung des Mannes zu seiner Frau aus. Von ihr mit grundlegenden Notwendigkeiten zu ehren und zu schätzen. Das Dokument beschreibt auch, wie der Mann seine Frau während ihres Lebens zusammen unterstützen muss, und Gott bewahre im Falle des Todes oder der Scheidung. Diese rechtsverbindliche Vereinbarung wird oft als ein beleuchtetes Manuskript geschrieben. Viele Leute haben es gerahmt und in ihrem Haus gezeigt.

Nach dem orthodoxen jüdischen Gesetz gilt eine *Ketubah* als verbindlich, sobald sie von den beiden Zeugen unterzeichnet worden ist. Die Unterschriften der Braut, des Bräutigams und der Hochzeitsoffizier sind eine moderne Ergänzung der *Ketubah* und sind nicht verpflichtet, sie verbindlich zu machen. Das ist, weil in alten Zeiten der Bräutigam das aramäische Dokument laut zu lesen, und zwei erwachsene Männer - ohne Bezug zu Braut oder Bräutigam - würde das Dokument zu unterzeichnen, um die mündliche Vereinbarung des Bräutigams auf den *Ketubah* Vertrag zu bestätigen. Auch nach der Unterzeichnung des Vertrages gilt das Paar erst nach der *Chuppa*-Zeremonie als offiziell verheiratet.

Die Sitte der Braut, die einen Schleier trägt, geht zurück auf die biblische Matriarchin, Rebecca, die sich verhüllt hat, als sie ihren zukünftigen Ehemann Isaak (Genesis 24:65) sah. Die bedeckende (jiddische "Bedeckung") ist die Verschleierung der Braut durch den Bräutigam. Mit großartiger Fanfare, Tanzen und Singen begleiten die Gäste den Bräutigam zur Braut. Er schaut sorgfältig auf seine Braut, um zu bestätigen, dass dies seine beabsichtigte Braut ist, und dass er nicht getäuscht wird, wie Jakob war, als Leah für Rachel ersetzt wurde (Genesis 29:23). Der Bräutigam senkt dann den Schleier über das Gesicht der Braut. Der Vater der Braut gibt ihm dann einen besonderen Segen. Umgeben von seinen begeisterten Freunden, wird der Bräutigam aus dem Raum geleitet, um sich auf die *Chuppa* vorzubereiten.

In alten Zeiten war die *Chuppa* die Brautkammer oder ein Pavillon gewesen. Im Laufe der Zeit verlor es seine ursprüngliche Bedeutung und wurde durch verschiedene andere Sitten ersetzt. Die Hochzeitszeremonie wurde unter einer Baldachin durchgeführt, die *Chuppa* genannt wurde. Der Eintritt der Braut unter dem Baldachin (das einem Raum ähnelte) wurde als Symbol für die Vollendung der Ehe angesehen. Heute ist die *Chuppa* (lit. cover) ein Baldachin, unter dem eine Braut und ein Bräutigam während ihrer Hochzeitszeremonie stehen. Es besteht aus einem Tuch oder Blatt, (manchmal *tallit*), gestreckt oder über vier Pole gestützt. Manchmal Freunde der Bräutigam halten die Stangen. Ein *Chuppa* symbolisiert die Heimat, dass das Paar zusammen bauen wird. Dieses "Zuhause", anfänglich fehlende Möbel, dient als Erinnerung daran, dass die Grundlage eines jüdischen Hauses die Menschen darin ist, nicht die Besitzungen. Im geistigen Sinne repräsentiert die Bedeckung der *Chuppa* die Gegenwart Gottes über den Heiratsbund. Mangelhafte Mauern, das ermutigt das Paar, in den Wegen von Abraham und Sarah zu folgen, deren Zelt immer für Gäste geöffnet war.

Der Bräutigam tritt zuerst in die *Chuppa* ein,
um sein Eigentum für das Haus im Namen des
Paares zu vertreten. Wenn die Braut dann die
Chuppa betritt, ist es, als ob der Bräutigam ihr
Schutz oder Kleidung schenkt - er zeigt öffentlich seine neuen Verantwortlichkeiten gegenüber ihr.

In vielen Gemeinden wird der Bräutigam unter
den *Chuppa* von den beiden Vätern und der
Braut von den beiden Müttern geführt, die als
Unterfirmen bekannt sind (leuchtende, die unter führen). Der Bräutigam wird mit dem Lied
"*Baruch Ha Ba!*" (Selig ist, wer kommt). Ein
Ashkenazi-Bräutigam wird oft ein einfaches
weißes Gewand tragen, das als Kittel bekannt
ist. Beide in weiß gekleidet ist symbolisch für
Reinheit und schafft die Bilder von Engeln. Als
sie zuletzt eintrat, trifft die Braut ihren Bräutigam und kreist ihren Mann drei oder sieben
Mal. Das kann aus Jeremia 31:22 herleiten:
"*Eine Frau wird einen Mann umgeben*". Die
drei Kreise können die drei Tugenden der Ehe
darstellen: Gerechtigkeit, Gerechtigkeit und
liebevolle Güte (siehe Hosea 2:21). Sieben ist
die Zahl der Vollkommenheit oder Vollständig-
keit. Es symbolisiert auch die sieben Tage der
Schöpfung und die Tatsache, dass das Paar im
Begriff ist, ihre eigene "neue Welt" zusammen
zu schaffen. Siebenmal ist es in der Tora geschrieben, "*... und wenn ein Mann eine Frau
nimmt.*" Josua umkreiste die Stadt Jericho siebenmal. Als zwei Menschen in die Ehe eintreten, kann es zwischen ihnen Wände geben, die
fallen müssen. Nach dem siebten Umkreisen
des Bräutigams steht die Braut unter der
Chuppa.

Die Hochzeitszeremonie beginnt mit einem
Kiddusch * (Segen des Weines). Der Rabbiner
rezitiert einen Segen über eine Tasse Wein und
einen zweiten Segen der Heiligung über die
Ehe. Die Braut und der Bräutigam trinken dann
aus der Tasse.
Wenn man ein festes Goldband auf den rech-
ten Zeigefinger der Braut setzt (der Finger, der
für die Zeugen am sichtbarsten ist), erklärt der
Bräutigam: "*Siehe, du wurdest mir mit diesem
Ring nach den Gesetzen von Mose und Israel
geweiht.*" Der Ring bestätigt den Ehevertrag
und weiht ihn ein. Jüdische Trauringe müssen
aus festem, ununterbrochenem Gold, Silber
oder Platin gemacht werden, ohne dass Edel-
steine oder Löcher den Kreis brechen. Die Kontinuität des Ringes stellt die Hoffnung auf eine
ewige Ehe dar. Manchmal präsentiert die Braut
dem Bräutigam auch einen Ring, der aus dem
Lied der Lieder zitiert: "*Ani l'dodi, ve dodi
li*" (ich bin meine Geliebte und meine Geliebte
gehört mir), die auch auf den Ring selbst eingeschrieben werden kann. Um Konflikte mit dem
jüdischen Gesetz zu vermeiden, wird dieser
Ring manchmal außerhalb der *Chuppa* präsentiert. Die beiden Segnungen (über den Wein
und die Ehe) und das Geben des Ringes vervoll-
ständigt die Verlobungszeremonie.

Um zwischen der Verlobung und der Hochzeitszeremonie zu unterscheiden, wird die *Ketubah* laut gelesen, worauf der Bräutigam das
Dokument der Braut übergibt. Jetzt offiziell
Mann und Frau, die zweite Hälfte der Zeremonie beginnt mit einem benutzerdefinierten namens *Nissu'in* (emporhebend).

Eine zweite Tasse Wein wird gefüllt, während
der die *Sheva Brachot* * (sieben Segen) rezitiert
werden. Diese besonderen Segnungen werden
sowohl unter der *Chuppa* als auch am Ende der
festlichen Mahlzeit, die der Zeremonie folgt,
rezitiert. Es ist eine große Ehre, aufgerufen zu
werden, um einen der sieben Segnungen zu
rezitieren.

- Der erste Segen, der über eine Tasse Wein rezitiert wird, ist ein Zeichen der Freude.
- Der Zweite Segen dankt Gott für die Schaffung der Welt und ehrt die Hochzeitsgäste.
- Der dritte und vierte Segen erkennen Gottes körperliche und geistige Schöpfung der Menschheit an.
- Der fünfte Segen ist ein Gebet für die Wiederherstellung Jerusalems und den Wiederaufbau des Heiligen Tempels.
- Der sechste Segen drückt die Hoffnung aus, dass die Braut und der Bräutigam in ihrer Liebe für einander wachsen.
- Der Siebte Segen ist ein Gebet, dass die Zeit des Messias kommen wird, um das jüdische Volk aus dem Exil zu erlösen, damit Frieden und Ruhe über die Welt herrschen werden.

Die Braut und der Bräutigam trinken jetzt von der zweiten Tasse Wein, worauf der Bräutigam

mit seinem Fuß ein Glas zerschmettert. Alle Gäste schreien dann *"Mazal Tov!"* (Glückwünsche und viel Glück). Manche sehen das Brechen des Glases als symbolische Erinnerung an die Zerstörung des Tempels in Jerusalem; Andere interpretieren ist als Symbol für die Zerbrechlichkeit einer Beziehung. Während dieses Teils der Zeremonie *"Wenn ich dich vergesse, Jerusalem ..."* (Psalm 137: 5) wird oft rezitiert oder gesungen.

Die Braut und der Bräutigam, jetzt Ehemann und Ehefrau, werden in ein privates Zimmer begleitet, wo sie 10-20 Minuten in der Gesellschaft verbringen. Sie sollen im *Yichud* * (Zusammengehörigkeit, Abgeschiedenheit) nicht gestört werden. Wenn sie zurückkommen, ist es Zeit, mit Musik zu tanzen und zu tanzen.

Bei orthodoxen jüdischen Hochzeiten gilt es als Mitzwa (gute Tat), um die Braut und den Bräutigam zu unterhalten. Freunde des Bräutigams machen Akrobatik oder tragen lustige Kostüme, um das Paar zu unterhalten. Das heißt *Simchat Chatan ve'Kallah.* Während dieser "Freude des Bräutigams und der Braut" tanzen die Gäste um sie herum, oft mit einem "shtick" - dumme Gegenstände wie Zeichen, Banner, Kostüme, Konfetti und Springseile aus Tisch Servietten.

In getrennten Räumen (oder einer Halle, die durch einen Vorhang geteilt wird) genießen die weiblichen

und weiblichen Hochzeitsgäste *"Simcha* Tanzen". Beim Singen *"Hava Nagillah"* tanzen die Gäste die *Horah,* ein bekannter jüdischer Kreistanz. Das Highlight der Hochzeit ist, wenn Familienmitglieder und geehrte Rabbiner für die Mitzwa Tantz eingeladen werden. (Siehe nächste Seite.)

Birkat Hamazon (Gnade nach Mahlzeiten, *Benshen* in Jiddisch) wird am Ende der festlichen Mahlzeit rezitiert, um Gott für das Essen und die Nahrung zu danken, die genossen worden ist. Eine zweite Rezitation der *Sheva Brachot* (Sieben Blessings) wiederholt die Segnungen, die unter der *Chuppa* gesagt wurden. Ein formaler *Birkat Hamazon* hat zwei Tassen Wein. Die erste Tasse wird von dem geleitet, der die Gebete führt. Die zweite Schale ist unter denen, die geehrt werden, um sechs der sieben Segnungen zu rezitieren, umgangen. Der letzte Segen ist über den Wein. Dann werden die beiden Gläser Wein in ein Drittel gegossen, was die Entstehung eines neuen Lebens zusammen symbolisiert und von der Braut und dem Bräutigam betrunken ist.

MITZWA TANZ

Vor diesem besonderen Ereignis werden die Braut und ein paar Frauen, in der Regel ihre Verwandten und einige wichtige Rebbetzins (Rabbiner) in die Männer-Sektion gebracht. Manchmal ist die *Mechitza* ganz beiseite geschoben und die Frauen stehen vor den Männern, die auf der anderen Seite des Raumes sitzen. Dieser Hochzeitstanz ist anders als jeder andere Tanz. Die (oft

verschleierte) Braut steht wie eine leuchtende weiße Vision unter den männlichen Hochzeitsgästen. Sie hält ein Ende eines *Gartels* *, während das andere Ende von der Person gehalten wird, die dazu bestimmt ist, mit ihr zu tanzen. Die Ordnung der Tänzer ist bedeutsam: die Onkel und Brüder, der Schwiegervater, der dem Tanz mit ihrem Vater weicht, der dem Bräutigam den letzten Vorrang gibt - die andere Hälfte ihrer Seele.

Der Mitzwa tanz ist ein Tanz der *Shekinah* und der jüdischen Leute, die gefunden werden. Hochzeitsgäste genießen diesen Tanz, weil ihre eigenen Seelen tanzen. Gemeinsam als eine, sie erleben die tiefe Dankbarkeit der Braut und Bräutigam nach Hause kommen.

Der *Mizwa* Tantz ist wie eine Antwort, die ohne Worte spricht. Es bewegt sich ohne sich zu bewegen. Es steigt mit dem sanften Gewindeschneiden der Füße. Es spricht von der Seelenflucht, der Vogel steigt und fliegt dann tief, die Erde und der Himmel.

Es ist ein Tanz von einem, und nicht von zwei - ein Tanz von Einem.

In der Woche nach der Hochzeit ist es üblich für Freunde und Verwandte, festliche Mahlzeiten zu Ehren des neuen Paares zu veranstalten. Dies wird die Woche von *Sheva Brachot* genannt, weil die sieben Segnungen nach der "Gebet nach den Mahlzeiten" bei jedem dieser festlichen Mahlzeiten wiederholt werden.

Am *Sabbat* nach der Hochzeit ist es üblich, dass der Bräutigam für einen Aufruf eingeladen wird, einen Segen über die *Tora* zu rezitieren. Während die Gemeinde "*Siman tov u'mazal tov*" singt, wird der Bräutigam mit Süßigkeiten verpuppt - eine lustige Art, ihm ein süßes neues Leben zu wünschen. Dieser Brauch basiert auf einer Talmud-Quelle, die darauf hinweist, dass König Salomo ein spezielles Tor für Bräutigams baute, die es auf dem *Sabbat* durchqueren und von Familie und Freunden gesegnet und gesegnet werden sollten. Nach der Zerstörung des zweiten Tempels wurde die Sitte in die Synagoge verlegt.

Es ist üblich für Hochzeitsgäste, einen Umschlag mit Geld zu holen, um zu helfen, für die Abend essenkosten und die Miete der Hochzeitshalle zu bezahlen. Leider ist der Lärm der Musikband oft zu laut, um ein Gespräch mit anderen Gästen am Tisch zu haben. Allerdings ist die Einladung zu einer religiösen Hochzeit ein unvergessliches Erlebnis.

KAPITEL 30

GEBURTSTAG - *BRIT MILA* UND *PIDIYON HABEN*

Die einzige biblische Refrenz zu einem Geburtstag war der des Pharao. (Genesis 40:20). Die *Mischna* bezieht sich nur auf Geburtstagsfeiern von heidnischen Herrschern, schweigt aber über Geburtstagsfeiern unter Juden. In der Antike sahen Juden einen Geburtstag als eine düstere Erinnerung, dass das Leben dem Ende näher kommt; Ein Tag für feierliche Reflexion und Reue statt Festlichkeit.

Nach den jüdischen Weisen ist am Geburtstag einer Person sein "*Mazal*" dominant. Der Talmud erklärt, dass das Wunder von Purim weitgehend der Tatsache zugeschrieben wird, dass Moses' Geburtstag während des Monats von Adar war! *Rosch Haschana* wird als Geburtstag von Adam gesehen, während *Pessach* der kollektive Geburtstag der jüdischen Nation ist (siehe Hesekiel 16).

Heute ist ein jüdischer Geburtstag ein Tag, um Gott Dank zu danken, dass man in diese Welt gebracht wurde. Die Person hat eine Mission, sie mit der Ausstrahlung von *Tora* und *Mitzvot* zu beleuchten. Im Vergleich zu einem persönlichen *Rosch Haschana*, wird erwartet, die gewonnene Lebenserfahrung zu nutzen, um das folgende Jahr noch produktiver und fruchtbarer zu machen.

Viele Israelis feiern ihre Geburtstage, obwohl diese Praxis von Nicht-Juden kopiert wurde. Ein Geburtstagskuchen hat immer eine extra Kerze für das neue Jahr.
Ein gewöhnlicher Geburtstagsegen ist: "Mögest du bis 120 leben" - das Alter, in dem Mose gestorben ist (siehe Deuteronomium 34: 7).

Psalmen 90:10 deuten darauf hin, dass es gut ist für einen, der das Alter von 70 oder 80 Jahren erreicht hat, Gott besonders zu danken, dass er ihn verschont hat.

Nach der Ethik der Väter 5.21,
"Das Alter von fünf für das Studium der Bibel;
Dann zehn für das Studium der Mischna;
13 für die Gebote;
15 für das Studium von Talmud;
18 für die Ehe;
20 für das Leben zu leben;
30 für die Macht;
40 zum Verständnis;
50 für Ratschläge;
60 für das Alter, siebzig für graue Haare;
80 für besondere Stärke,
90 für verbeugten Rücken;
100 - es ist, als wäre er gestorben und von uns gegangen. "

BRIT MILA - BESCHNEIDUNG

"Das ist aber mein Bund, den ihr bewahren sollt, zwischen mir und euch und deinem Samen nach dir: Alles, was männlich ist unter euch, soll beschnitten werden. Und ihr sollt am Fleisch eurer Vorhaut beschnitten werden. Das soll ein Zeichen des Bundes sein zwischen mir und euch. Jedes Männliche von euren Nachkommen soll bei euch beschnitten werden, wenn es acht Tage alt ist, sei es im Haus geboren oder um Geld erkauft von irgendwelchen Fremden, die nicht von deinem Samen sind. Was in deinem Haus geboren oder um Geld erkauft wird, soll unbedingt beschnitten werden. So soll mein Bund an eurem Fleisch sein, ein ewiger Bund. Und ein unbeschnittener Mann, einer, der sich nicht beschneiden läßt am Fleisch seiner Vorhaut, dessen Seele soll ausgerottet werden aus seinem Volk, weil er meinen Bund gebrochen hat!" Genesis 17: 10-14

Beschneidung in der Antike

Kinder und besonders Jungen wurden (und sind noch) als ein Segen des Herrn gesehen. Töchter würden die Familie mit der Ehe verlassen, aber Söhne blieben. Sie waren die Altersversicherung ihrer Eltern.

In alttestamentlichen Zeiten wurde einem Kind von jedem Geschlecht am Tag der Geburt ein Namen gegeben. In neutestamentlichen Zeiten erhielt ein Sohn seinen Namen zum Zeitpunkt seiner Beschneidung.

Die Beseitigung der männlichen Vorhaut durch Schneiden wurde zur Standardpraxis, als sich die Israeliten in Kanaan niederließen.

Mit einem Feuersteinmesser würde der Vater seinen Sohn am achten Tag beschneiden. (Leviticus 12: 3). Dies war das äußere Zeichen des Bundes zwischen Gott und Israel. (Genesis 17: 10-14).

Nur diejenigen, die beschnitten worden waren, wurden in die Gemeinschaft der Menschen aufgenommen, die von ihren heidnischen Nachbarn getrennt waren. Kein unbeschnittener Ausländer konnte im Passah teilnehmen. Die Haushalte haben auch ihre Sklaven beschnitten, ob sie heimisch oder fremd waren.

Brith Milah heute

Nach der Geburt eines Kindes erhält der Vater die Ehre eines *Alijas* * in der Synagoge. Die Gemeinde rezitiert einen Segen für die Gesundheit der Mutter und des Kindes. Ein Mädchen wird während dieser Alija benannt, aber ein Junge erhält seinen Namen nur während der *Brit Mila.*

Von allen Geboten im Judentum ist der *Brit Mila* (lit. Bund der Beschneidung) wahrscheinlich derjenige, der am allgemeinsten betrachtet wird. Es wird allgemein als *Bris* (Jiddisch, Bund) oder Brit bezeichnet. In Israel beobachten auch weltliche Juden diese Gesetze. Das Gebot zur Beschneidung ist in Genesis 17: 10-14 und Leviticus 12: 3 gegeben. Der Bund wurde ursprünglich mit Abraham gemacht und wurde

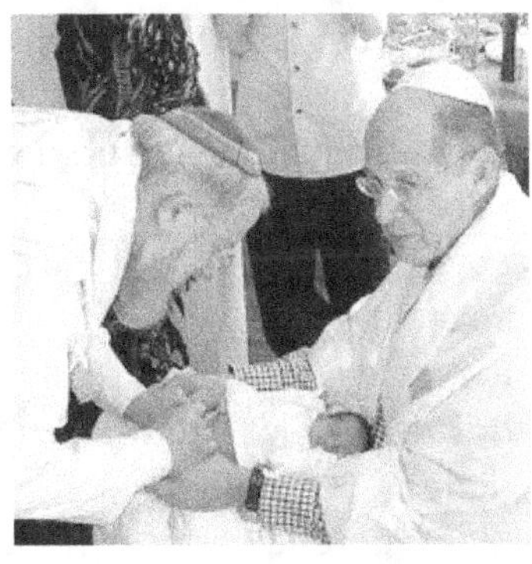

das erste für die Juden spezifische Gebot.

Die *Brit Mila* wird bei 8-tägigen männlichen Säuglingen von einem *mohel* * durchgeführt.

Die Wissenschaftler haben bewiesen, dass sich der Blutgerinnungsmechanismus eines Säuglings am achten Tag nach der Geburt stabilisiert. Obwohl einige Kulturen eine Praxis haben, alle oder einen Teil der Klitoris der Frau zu entfernen, die oft irrtümlich als "weibliche Beschneidung" bezeichnet wird, ist dieses Ritual nie ein Teil des Judentums gewesen.

Die meisten *Brit Mila* werden in einer Synagoge durchgeführt, können aber auch zu Hause oder an einem anderen Ort durchgeführt werden. Traditionell wird ein *Brit* am Morgen ausgeführt, kann aber jederzeit während der Tageslichtstunden und sogar am *Sabbat* stattfinden.

Wenn das Baby vorzeitig geboren wird oder wenn es ernste medizinische Probleme hat, wird die *Brit Mila* verschoben, bis die Ärzte und *Mohel* das Kind stark genug halten.

Ein *Mohel* ist ein frommer, aufmerksamer Jude, der in dem relevanten jüdischen Gesetz und in chirurgischen Techniken erzogen ist. Die Beschneidung, die von einem Chirurgen durchgeführt wird, gilt nicht als gültige *Brit Mila*, unabhängig davon, ob ein Rabbiner einen Segen sagt. Der Grund dafür ist, dass die Entfernung der Vorhaut als religiöses Ritual gilt, das von jemandem religiös qualifizierten ausgeführt werden muss.

Die Person, die das Baby von der Mutter zum Vater trägt, heißt *Kvatter* oder *Kvatterin.* Diese Ehre wird gewöhnlich einem Paar ohne Kinder gegeben, als Verdienst oder *Segula* * (bringt viel Glück), dass sie eigene Kinder haben sollten. Der Begriff kann auch aus "*gevatter*", einem archaischen deutschen Wort für Pate oder einer jiddischen Kombination der Wörter *Kavod* (Ehre) und *Tor* (Jiddisch für Tür) abgeleitet werden. Mit anderen Worten: *"Die Person geehrt, indem sie das Baby bringt"*. Der Vater trägt dann seinen Sohn zum Sandek (Pate), oder der Person, die geehrt wird, das Kind während der Beschneidung zu halten.

Der *Sandek*, meist die Großeltern oder der Rabbiner der Familie, sitzt oft in einem kunstvollen Stuhl. Dieser besondere Sitz wird traditionell für Elijah beiseite gesetzt, der über alle Beschneidungen herrschen soll. Verschiedene Segnungen werden rezitiert (einschliesslich eines über Wein), und ein Tropfen Wein wird in den Mund des Kindes gelegt.

Jetzt ist die Zeit, dem Kind seinen formalen hebräischen Namen zu geben. Diese Namen werden meistens in jüdischen Ritualen verwendet, wie man jemanden an die *Tora* für einen *Alija* * oder in den *Ketubah* * (Ehevertrag) ruft. Die Standardform eines hebräischen Namens ist z.B. Moshe ben Joseph (Mosche, der Sohn Josephs). Ein Mädchen heißt z.B. Rivka -Schläger Joseph (Rivkah, Tochter von Joseph) Wenn das Kind ein Cohen ist (aus der Priesterlinie), fügen sie "ha Cohen" hinzu. Wenn das Kind vom Stamm Levi ist, wird "Ha Levi" hinzugefügt. Unter Ashkenazim ist es üblich, ein Kind nach einem vor kurzem verstorbenen Verwandten zu benennen. Dies wird getan, um den toten Verwandten zu ehren, und weil sie glauben, es bringt Pech, ein Kind nach einem lebendigen Verwandten zu nennen. Sephardische Juden nennen gewöhnlich kein Kind nach einem Elternteil oder einem lebenden Verwandten.

Nach der Zeremonie findet eine *Seudat Mitzwa* (festliche Mahlzeit) statt.

Nach dem *birkat hamazon* (Segen nach dem Essen) werden besondere Gebete aufgesagt, Gott zu bitten, die Eltern, den *Sandek* und den *Mohel* zu segnen. Sie bitten auch Gott, den Messias und Elia den Propheten zu schicken, der als "Der Gerechte Cohen" bekannt ist. Ihr Kommen wird den Bund Gottes erfüllen, um den Thron des Königs David wiederherzu-stellen.

Pidyon Haben - Erlösung des Ersten Geborenen

Bräuche in alten Zeiten
Nach dem jüdischen Gesetz musste ein erstge-borener Sohn erlöst werden, wenn er 30 Tage alt war. Wenn die Tage der Reinigung der Mutter vorüber waren, nahmen die Eltern das Kind zum Tempel. Durch das Bezahlen von fünf *Schekel* Silber an den Priester wurde das Kind "erlöst". (Siehe Nummern 3: 47-48). Schließlich wurde die fünf Schekel-Rücknahmegebühr eine religiöse Steuer.

Bräuche heute
Die meisten ultra-orthodoxen und viele prakti-zierenden Juden führen weiterhin das Ritual von *pidyon haben* aus. Die Zeremonie, die in den Ziffern 18,15-16 erwähnt wird, gilt nur für Jungen, die durch eine natürliche Geburt geboren wurden. Wenn die erste Schwanger-schaft nach mehr als 40 Tagen endete, muss der nächste Sohn nicht erlöst werden. Auch die Erlösung des Erstgeborenen gilt nicht für Mit-glieder des Stammes Levi oder Kinder, die einer Tochter eines Mitglieds des Stammes Levi geboren sind. Während eine *Brit Mila* auf einem Sabbat stattfinden kann, kann das Ritual von *pidyon haben* dies nicht, weil es den Austausch von Geld beinhaltet.

In der traditionellen Zeremonie, die vor einem *Minjan* stattfindet, bringt der Vater das Kind zum Cohen.

Das Baby wird manchmal auf einem silbernen Tablett präsentiert, umgeben von Schmuck für die Gelegenheit von weiblichen Gästen verliehen. Entweder, indem er eine Formel rezitiert oder auf rituelle Fragen antwortet, sagt der Vater, dass dies der Erstgeborene der israelitischen Mutter ist und er gekommen ist, ihn zu erlösen, wie er in der *Tora* befohlen wurde.

Der Cohen (aus der Priesterlinie von Aaron) fragt den Vater, was er lieber haben würde, das Kind oder die fünf silbernen Schekel, die er bezahlen mußte. Nachdem er darauf geantwortet hat, dass er das Kind dem Geld vorzieht, rezitiert der Vater dann einen Segen und übergibt dem Cohen fünf Silbermünzen (oder eine äquivalente Menge Silber). Nur ein Rabbiner, der auch ein Cohen ist, kann die Erlösung bestätigen. Während er die Münzen über dem Baby hält, erklärt der Cohen, dass der Rücknahmepreis anstelle des Erstgeborenen empfangen und akzeptiert wird. Er segnet dann das Baby und kehrt ihn zum Sorgerecht seiner Familie zurück.

Auf dieses besondere Ereignis folgt ein festliches Essen. Manchmal werden den Gästen Knoblauchzehen und Zuckerwürfel mit nach Hause nehmen gegeben. Es wird geglaubt, dass durch die Verwendung dieser Gegenstände diejenigen, die sie essen, die *Mitzwa* * der Teilnahme an der Zeremonie verlängern.

WIMPEL ZEREMONIE

Der *Wimpel* * (Jiddisch / Deutsch, "Tuch", abgeleitet von Altdeutsch, Wohltätigkeit, bedeutet "zu vertuschen" oder "verbergen") ist eine lange Leinenschärpe, die deutsche Juden als Deckung für die *Sefer Tora* verwendet haben. Er wurde aus dem Tuch gemacht, das benutzt wurde um ein Baby bei seinem Brit Mila zu trocknen. Diese Gewohnheit vereinigte die jüdische Gemeinde mit dem eigenen Lebenszyklus des Individuums.

Im Mittelalter wurden die meisten *Tora*-Rollen mit einem *Mappah* * (Tuch) verpackt. Es wurde als *Mizwa* und Ehre betrachtet, solch einen *Mappah* an die Gemeinde zu spenden. Oft würde ein Bräutigam einen am Vorabend seiner Hochzeit spenden. Weil die meisten der Bedeckungen aus alter Kleidung gemacht wurden, haben einige Rabbiner abgelehnt - sie dachten, dass es für die *Tora* respektlos war.

Während des Mittelalters war es üblich, die Beine eines Babys nach der Beschneidung zu wickeln, um ihn daran zu hindern, sich zu bewegen und die Verbände loszumachen. Eines Tages vergaß das *Mohel*, das Tuch für die Beine des Babys mitzubringen. Da er glaubte, dass dies eine lebensbedrohliche Situation war, gab der Rabbiner die Erlaubnis für den Mohel, einen Ersatz-*mappah* von einer der Tora-Rollen der Synagoge zu benutzen. Die Eltern des Babys wurden gebeten, das Tuch zu waschen, bevor es in die Synagoge zurückkehrte.

Eine andere Version ist, dass der *Mohel* eine lange Schwade von weißen Tuch (die Wimpel) unter dem Kissen, auf dem das Baby lag für seine Beschneidung plazierte. Nach der Zeremonie wurde der Wimpel entweder bemalt oder bestickt. Es hatte den Namen des Kindes, das Geburtsdatum und den hebräischen Segen: *"So wie er in die [Beschluß-fassung] eingetreten ist, so sollte er auch den Frieden der Tora, die Ehe und die guten Taten haben."*
Einige Mütter haben das Kunstwerk selbst gemacht; Andere behalten die Dienste von "Wimpel-Profis" bei.

Denn sowohl die *Tora* als auch die Beschneidung beziehen sich auf Bündnisse, die das jüdische Volk mit Gott hat, das Tuch, das bei einer Beschneidung verwendet wurde, wurde als "heilig" angesehen. Es wurde also Gewohnheit, diese *Wimpel* als *Mappot* der Synagoge zu spenden.

Heute haben viele Synagogen noch eine "Wimpel-Zeremonie", wenn ein Junge drei wird (und gilt als Toilettengetraint).

Bild: Mercy Gaynoor

Dies ist auch das Alter, das ein religiöser Junge beginnt, Tora zu lernen. Am *Sabbat* Morgen werden Vater und Sohn nach der ersten Lesung der *Tora* aufgerufen. Mit der Hilfe seines Vaters wickelt das Kind das *Wimpel* viele Male um die *Tora*-Schriftrolle und steckt das Ende des Tuches in die Falten. In symbolischer Weise verpackt das Kind seine individuellen Verantwortlichkeiten an Gott und seine Gebote um seine kommunalen Verantwortlichkeiten.

Nach dem Gottesdienst ist jeder eingeladen, sich der Familie für einen *Kiddusch* * und eine kleine Party anzuschließen. Die freudige Gelegenheit soll eine Liebe und Begeisterung für *shul* (Synagoge) und Judentum innerhalb des Kindes vermitteln.

In Deutschland, wird ein jüdischer Junge sobald er frei von Windeln ist in die Synagoge gebracht. Wenn die Männer die *Tora* unter *ezrat nashim* * (Ort, wo die Frauen sitzen in der Synagoge, in der Regel der Balkon) tragen, wirft die Mutter die *Wimpel* auf die *Tora*. Der engagierte Wimpel symbolisiert die Tatsache, dass das Kind jetzt "rein" ist und in der Lage ist, an dem Dienst teilzunehmen und *Tora* zu lernen.

Oft erhält die Synagoge noch viel mehr *Wimpel* als *Tora*-Schriftrollen. Diese werden dann in einer Schublade in der Arche * gespeichert. Es ist üblich, den Wimpel des Jungen auf die Tora während seiner *Bar Mitzwa*, einem Aufruf oder anderen wichtigen Familienereignissen zu stellen. Einige Wimpel werden sogar als dekorative Fahne für den Bräutigam verwendet.

In vielen Synagogen auf der ganzen Welt ist die "Wimpel-Zeremonie" weiterhin ein integrierter und fröhlicher Teil jüdischer Lebenszyklus-Events.

Ein Wimpel entsteht aus dem Wickeltuch der *Brit Mila*. Nachdem es gewaschen worden ist, wird das Tuch in Streifen geschnitten und in eine Schärpe genäht, die sechs oder sieben Zoll breit und zehn oder zwölf Fuß lang misst. Alte (und moderne) Wimpel sind mit bunten Bildern wie Tieren, Vögeln, astrologischen Zeichen und Szenen wie eine Braut und Bräutigam unter der *Chuppa* sitzen, und *Sefer Tora* geschmückt.

KAPITEL 31

Bar Mitzwa und *Bat Mitzwa*

Bar Mitzwa und Bat Mitzwa sind jüdische
Kommen von Altersritualen.
Bar (Aramäisch) oder *Ben* (Hebräisch) bedeutet
"Sohn". *Bat* bedeutet Mädchen. *Mitzwa* ist ein
Gebot und ein Gesetz.
Nach dem jüdischen Gesetz wird im Alter von
13 Jahren ein jüdischer Junge für sein Handeln
verantwortlich. So wird er zum *Bar Mitzwa*
(Plural: *B'nai Mitzwa*). Für Mädchen ist dies im
Alter von 12 Jahren. Das Alter wurde
ausgewählt, weil sie grob mit der Pubertät
zusammenfallen.
In der Antike wurde die Pubertät als das
Aussehen von zwei Schamhaaren (*simanim*,
"Zeichen") definiert. Die Pubertät bei Frauen
beginnt früher als bei Männern.

Die Gelehrten glauben, dass die zeremonielle
Beobachtung einer *Bar Mitzwa* im Alter von 13
Jahren im Mittelalter entwickelt wurde.
Laut Rabbi Eleazar: *"Bis zum dreizehnten Jahr
ist es die Pflicht des Vaters, seinen Jungen zu
schulen, danach muss er sagen: "Gesegnet sei
Er, der mir die Verantwortung übernommen hat
[die Strafe] für diesen Jungen! ""*

Junge Männer, die die *Bar Mitzwa* Alter
erreicht haben, können für einen *Minjan**
erzählt werden. Sie können auch Gebet und
andere religiöse Dienste in der Familie und der
Gemeinde führen.

Viele Synagogen benötigen Pre-*Bar-Mizwa*-
Kinder, um eine Mindestanzahl von Sabbat-
Gebetsdiensten in der Synagoge zu besuchen,
eine Wohltätigkeitsorganisation zu übernehmen oder in einem Gemeinschaftsprojekt aktiv
zu sein.

Mädchen
Zwischen dem Alter von 3-12, genannt
Ketanah (minor)
Von 12-121 / 2 genannt ***Na'arah*** (junge
Frau)
Nach 121/2 wird ein ***Bogeret*** (erwachsen)

Junge
3-13 + 1 Tag: ***Katan*** (minor)
13 + 2 Tage: wird ein ***Gadol*** (erwachsen)

Auf dem ersten *Sabbat* seines dreizehnten
Jahres wird ein jüdischer Junge aufgerufen,
aus dem wöchentlichen Teil des Gesetzes zu
lesen (fünf Bücher von Moses). In nicht-
orthodoxen Synagogen können auch Mädchen
abgerufen werden.

B'nai Mitzwa Festlichkeiten in der Regel eine
festliche Mahlzeit mit Familie, Freunde und
Mitglieder der Gemeinschaft. Manche Leute
nehmen ihr Kind auf eine besondere Reise oder
organisieren ein besonderes Ereignis in der
Ehren des Zelebranten.
Heute feiern die meisten nicht-orthodoxen
Juden ein Mädchen *Bat Mitzwa* in der gleichen
Weise wie ein
Junge *Bar
Mitzwa.*
Die Veranstaltung
wird im Stil
gefeiert, mit einer
festlichen
Mahlzeit und
vielen Gästen.
Das *Bat Mitzwa*
Mädchen gibt

eine Rede, empfängt Geschenke und einen
Segen vom Lehrer oder Rabbiner.

Traditionelle *Bar / Bat Mitzwa* Geschenke sind
Bücher mit religiösen oder pädagogischen
Wert, und religiöse Gegenstände.

In jüngster Zeit sind Bargeld Geschenke in Vielfachen von 18 die Norm geworden. (Das numerische Äquivalent des hebräischen Wortes für "Leben", (*Chai*), ist 18.) Oft erhält die *Bar Mitzwa* seinen ersten *Tallit* * (Gebetsschal) von seinen Eltern, um für den Anlass benutzt zu werden. Orthodoxe Familien kaufen ihren Sohn *tefillin* *.

Schmuck ist ein gemeinsames Geschenk für ein *Bat Mitzwa* Mädchen. Weil es die Pflicht und die Ehre der Frau ist, die *Sabbat*-Kerzen anzünden zu können, erhält ein religiöser *Bat Mitzwa* normalerweise ein Paar Leuchter.

Über 40% der jüdischen Familien in Israel und viele der Diaspora feiern lieber die *Bar Mitzwa* ihres Sohnes in Jerusalems Kotel (Westliche Mauer). Diese Feiern sind in der Regel am Montag und Donnerstag Morgen statt und kann von der Western Wall Plaza beobachtet werden. *Bar Mitzwa*'s sind selten auf dem *Sabbat* gehalten, weil das Fotografieren oder Filmen an diesem Tag streng verboten ist.

Im *Kotel* in Jerusalem kann es passieren, dass dreizehnjährige ihre *Bar Mizwa* zusammen mit Männern in ihren siebziger oder achtziger Jahren feiern. In der Lage, eine *Bar Mitzwa* zum Zeitpunkt des Holocaust zu haben, haben sie sich immer eines Tages nach ihrem Traum erfüllt. Im Juli 2012 wurden zwanzig *Shoah*-Überlebende aus Tel Aviv *Bar-Mizwa* in einer Initiative der Western Wall Heritage Foundation.

Ein Holocaust-Überlebender und sein Enkel feiern ihre *Bar Mitzwa*

Netilat Jadajim -
Das Ritual der Hände waschen

Netilat jadajim ("Heben [nach dem rituellen Waschen] der Hände"), auch bekannt als *Maj im Rishonim*, ist das Waschen der Hände mit einer Tasse.

Vor dem Essen von Brot zu einer Mahlzeit, wird dies immer mit einem Segen getan.

Ein Segen wird nicht gesagt, nachdem man Gegenstände berührt hat, die rituelle Unreinheiten vermitteln (wie z. B. private Teile, Lederschuhe oder ein rituell unreines Tier oder Insekt oder nach einem Besuch auf einem Friedhof.

Halacha * (jüdisches Gesetz) verlangt, dass das Wasser, das für das Ritualwaschen verwendet wird, natürlich rein, ungebraucht ist, keine anderen Substanzen enthält und sich nicht verfärbt.

Das Wasser muss auch aus einem Gefäß als menschliches Handeln gegossen werden, auf der Grundlage von Referenzen in der Bibel zu dieser Praxis, z.B. Elisa gießt Wasser auf die Hände von Elijah. Wasser sollte mindestens zweimal auf jede Hand gegossen werden.

KAPITEL 32

IDF VEREIDIGUNGSZEREMONIE IM KOTEL

Die israelischen Streitkräfte sind eine Volksarmee. Der nationale Militärdienst ist für jüdische Männer und Frauen im Alter von 18 Jahren obligatorisch. Beduinen und Drusen können auch gewinnen. Ausnahmen werden aus religiösen, physischen oder psychologischen Gründen gemacht, aber die meisten jüdischen Jugendlichen wollen in der Armee dienen. Männer dienen drei Jahre und Frauen dienen zwei.

Nach der Eintragung beginnen alle Soldaten eine dreimonatige Grundausbildung. Während dieses rigorosen Prozesses der "Integration" werden sie Soldaten anstelle von Bürgern. Die flüchtige Zeremonie findet in der Regel nach Beendigung ihrer Grundausbildung statt. Auch wenn viele Armeestützpunkte in den Zeremonien ihr eigenes Schwören haben, sind die beim Kotel besonders Besonderes. An einem solchen Tag, Soldaten, extra Sicherheitspersonal und Familienmitglieder drängen die Website vom frühen Morgen bis zum Abend. Am späten Nachmittag fangen Soldaten an, sich nach ihren Einheiten aufzurichten, während aufgeregte Familienmitglieder, die für einen Ort kämpfen, um eine gute Sicht zu haben, aus dem abgesperrten Bereich gehalten werden.

Sie halten ihre Aufregung in Schach, Soldaten stehen aufmerksam, bereit, ihre Loyalität gegenüber der IDF und dem Staat Israel zu schwören. Es gibt mehrere Reden von hochrangigen Offizieren, einem Armee-Rabbiner und mehreren Liedern. Während einer solchen Gelegenheit, ein Oberst adressiert die Menge mit,

"Heute schwören wir die Treue, unsere Heimat zu verteidigen, und wir betreiben dieses Engagement. Es gibt keinen Platz, der geeignet ist, Treue zu schwören als das Kotel, ein Ort, der das Alte mit dem Neuen verbindet und die Tiefe unserer Verbindung zu unserer Heimat ausdrückt. "

Stehend vor der Westmauer mit den Soldaten, ihre Familien und die israelischen Fahnen gibt viele Besucher Gänsehülsen. Der Höhepunkt der Zeremonie beginnt, wenn der Oberst lauter Stimme liest,

"Ich schwöre, die Erwartungen meines Landes und meiner Armee zu wahren.
Ich schwöre, mich ohne Bedingung zu geben Zum Schutz des Staates Israel.
Ich schwöre, der beste Soldat zu sein, den ich sein kann. "

Als Antwort ruft eine Firma nach dem anderen an die Spitze ihrer Stimmen:
„Ani nishbah! Ich schwöre!"

Es dauert lange, bis jeder Soldat zu seinem Kommandanten gegangen ist, um eine persönliche Waffe und eine *Tora* oder Bibel zu erhalten.
Die Zeremonie endet mit dem Singen von *haTikwa* (Die Hoffnung) - die Nationalhymne.

Familienangehörige, die aus dem ganzen Land nach Jerusalem gereist sind, dürfen endlich ihren Soldaten umarmen.

Die Geschichte von *"haTikwa"*

Rishon le Zion (Erster Zion) wurde 1882 mit Hilfe von Edmond de Rothschild gegründet. Der Name der neuen Siedlung war von einer Phrase aus Jesaja 42:27 inspiriert worden: *"Der erste wird Zion sagen ..."*
Zu Ehren der Einrichtung schrieb der rumänische Naphtali Herz Imber ein Gedicht namens "Hatikvah" - die Hoffnung. Samuel Cohen, einer der Bauern, setzte es zur Musik.

Am 1. September 1939, dem Beginn des Zweiten Weltkriegs, lief ein Schiff mit illegalen Einwanderern an Tel Aviv. In der Blendung der britischen Suchleuchten begannen die 1.400 Flüchtlinge an Bord des Frachtschiffs *"haTikwa"* zu singen:

"Solange tief im Herzen,
die Seelen eines Juden sich sehnt,
Und nach Osten ein Blick auf Zion sieht.
Unsere Hoffnung ist noch nicht verloren,
die uralte Hoffnung,
Um in das Land unserer Väter
zurückzukehren,
In die Stadt, in der David wohnte. "

Diese sogenannten "illegalen", die von den Nazis entkommen, wurden von den Briten im Sarafand-Gefängnislager, nordwestlich des heutigen Ramla, interniert.

Während des Zweiten Weltkrieges setzten die Briten ihr Bestes fort, um die verzweifelten jüdischen Flüchtlinge daran zu hindern, in das Mandat Palästina einzutreten. Vor allem während dieser Zeit wurde *"haTikwa"* symbolisch für die Sehnsucht des jüdischen Volkes für ihr ewiges Versprochenes Land - Zion.

"HaTikwa" wurde offiziell zur Nationalhymne während der Einweihungszeremonie des Staates Israel am 14. Mai 1948. Hinzu kam ein zweiter Vers:

"Unsere Hoffnung ist noch nicht verloren,
die Hoffnung von 2.000 Jahren, um ein freies Volk in unserem Land das Land von Zion und Jerusalem zu sein."

Heute wird *"haTikwa"* immer noch mit Leidenschaft gesungen, und seine Melodie und Worte rühren weiterhin die Emotionen von Juden und christlichen Zionisten.

ANHANG

FASTENTAGE

DATUM	NAME	GRUND	WIE WAHRGENOMMEN
3. *Tischri*	Fasttag für Gedalja	Gedenkfeier Ermordung Gedaljas (2. Könige 25:25)	Sonnenaufgang bis - Untergang
10. *Tischri*	Tag der Buße	Buße für Sünden (Leviticus 26-32, etc)	Sonnenuntergang bis - Untergang
10. *Tevet*	*Asarah be-Tevet*	Nebuchadnezzar belagert Jerusalem (2. Könige 25:1)	Sonnenaufgang bis - Untergang
13. *Adar*	Esther-Fasten	Traditionell verbunden mit dem von Esther verordneten Fastentag (Esther 4:16)	Sonnenaufgang bis - Untergang
14. *Nissan*	Fasten der Erstgeborenen	Gedenken an das Letzte der zehn Plagen (Exodus 12:29)	Sonnenaufgang bis - Untergang*
17. *Tammuz*	*Shivah Asar be-Tammuz*	Verbunden mit Brüchen der Mauern Jerusalems durch Nebuchadnezzar (Jeremia 39:2)	Sonnenaufgang bis - Untergang
9. *Av*	*Tisha be-Av*	Verbunden mit Abriss des Tempels (2. Könige 25:8-9)	Sonnenuntergang bis - Untergang

JÜDISCHE AUSDRÜCKE

- *"Ad meah ve'esrim!"* Mögst du bis 120 leben! (Da Moses 120 wurde.)
- *"Be ezrat haShem!"* Lit. *B"H* ב"ה Mit der Hilfe des Namens [Gottes], oder um Gottes Willen
- *Besiyata Dishmaya* (Aramäisch) - mit Hilfe des Himmels. Auch wenn das Akronym nicht in der Halacha erwähnt wird, ist es am Anfang der schriftlichen Dokumente weit verbreitet. Wir sind daran zu erinnern, dass alles von Gott kommt, und dass wir ohne Gottes Hilfe nichts von ewigem Wert tun können. *BS"D* בס"ד

BIKKUR CHOLIM - Besuch der Kranken

Ein wichtiges Gebot in der jüdischen Tradition ist es, die Kranken zu besuchen und zu trösten und ihre Bedürfnisse zu erfüllen. Laut dem Talmud, nimmt der Besuch einer kranken Person 1/60 seiner Krankheit, während es nicht zu tun, zum Tod des kranken Menschen führen kann. Rabbi Eleazar der Große schrieb: *"Mein Sohn, achte darauf, den Kranken zu besuchen, denn einer, der ihn besucht, vermindert seine Krankheit. Entschuldige ihn, zu seinem Schöpfer zurückzukehren und für ihn zu beten und dann zu gehen. Lass deine Gegenwart ihn nicht belasten, denn er hat genug von einer Last mit seiner Krankheit. Wenn du gehst, um eine Person zu besuchen, die krank ist, gehe freudig ein, weil seine Augen und sein Herz auf diejenigen gerichtet sind, die ihn besuchen. "*

GLOSSAR

ADAR - der sechste Monat des Bürgerjahres und der zwölfte Monat des kirchlichen Jahres auf dem hebräischen Kalender.

ALIJA - (Lit. geht hinauf) Während des Synagogendienstes wird ein Mann geehrt, auf die *Bimah* zu gehen, um einen Segen über die *Tora* zu rezitieren. *Alija* ist auch das Wort, das die Rückkehr des jüdischen Volkes aus dem Exil in der Diaspora zurück in das Land Israel beschreibt. Das Wort ist aus dem Verb "*la'alot*" - "aufzustehen" oder "aufzusteigen" in einem positiven spirituellen Sinn abgeleitet. Eine Person, die Alija macht, heißt *Oleh,* was bedeutet, "einer, der hinaufgeht" Aktion, Auswanderung aus Israel, wird als *yerida* - "Abstieg" bezeichnet.

ANINUT - Erste Stufe der Trauer, wenn jemand in Schock ist und desorientiert ist.

ARBA'AH MINIM - "Vier Arten", am Sukkot gewunken.

ARK (Tora) in einer Synagoge. *Aron Kodesh* von den Ashkenazim; *Hekhál* unter den meisten Sephardim. Oft ein ornamentaler Schrank, der die *Tora*-Rollen enthält.

ASHKENAZI (M) - jüdische Nachkommen aus den mittelalterlichen Gemeinden am Rhein in Deutschland, vom Elsass (Süden) bis zum Rheinland (Norden).

AUFRUF - Jiddisch für "Aufruf", ist die Gewohnheit, einen Bräutigam für einen *Alija* aufzurufen. Ashkenazim halten die Zeremonie auf dem Sabbat vor der Hochzeit, während Sephardim es am Sabbat nach der Hochzeit halten.

AV - der elfte Monat des Bürgerjahres und der fünfte Monat des kirchlichen Jahres aus dem hebräischen Kalender. Der Name ist babylonisch im Ursprung und erschien im Talmud um das 3. Jahrhundert. Dies ist der einzige Monat, der nicht in der Bibel benannt ist. Av tritt gewöhnlich im Juli-August auf.

AVELUT - Trauerstufe nach der Beerdigung. Ein Jahr für ein direktes Familienmitglied; 30 Tage für den zweiten Grad Familie.

AVODAH - ("Gottesdienst" und "Anbetung"). Während der Tempelzeit beschrieb es die Reihenfolge des Dienstes für den Hohenpriester auf *Jom Kippur.* Im modernen Hebräischen bedeutet *avodah* Arbeit. Arbeit ist Dienst und Anbetung.

BASHERT - Jiddisch für "Schicksal", und oft verwendet im Kontext des göttlich vorangegangenen Ehepartners oder Seelenverwandten.

BASHOW - (sitzen). Prospektiver Bräutigam und seine Eltern besuchen die junge Frau in ihrem Haus, um zu sehen, ob die zukünftigen Paare kompatibel sind.

BAR / BAT MITZWA - Jüdische Kommende-Zeremonien; Mädchen im Alter von 12 Jahren, Jungen im Alter von 13 Jahren.

BAYIT KEVAROT - (BAYIT OLAM) - Jüdischer Friedhof.

BAYIT MIDRASH - Studienhalle in einer Synagoge oder Yeshiva.

BIKKUR CHOLIM - (Besuch der Kranken) Ein großes Gebot in der jüdischen Tradition ist es, die Kranken zu besuchen und zu trösten und ihre Bedürfnisse zu erfüllen.

BIMAH oder **Tebah** (Sephardic) - die erhöhte Fläche oder Plattform in einer Synagoge, die dazu bestimmt ist, den Ort zu dienen, an dem die Person, die vor der *Tora* liest, während der *Tora*-LeseGottesdienst steht.

BIRKAT HAMAZON (Gnade nach den Mahlzeiten, *Benshen* auf Jiddisch) - rezitierte am Ende der festlichen Mahlzeit, um Gott für das Essen und die Nahrung zu danken, die genossen worden ist.

CHALLAH - ein spezielles jüdisches geflochtenes Brot, das am Sabbat und an Feiertagen gegessen wird.

GEBOTE (613) *MITZWA* - religiöse Juden soll sie einhalten. Von den 613 sind 365 negativ (verboten), entsprechend den Tagen des Sonnenjahres; Die 248 positiven (Pflichten zu erfüllen) sind mit der Anzahl der Gliedmaßen im menschlichen Körper verbunden.

ELUL - zwölfter Monat des jüdischen Bürgerjahres und der sechste Monat des kirchlichen Jahres auf dem hebräischen Kalender. Normalerweise August-September.

ERETZ ISRAEL - ein Name für das Gebiet, das ungefähr dem Gebiet entspricht, das von der südlichen Levante (Kanaan) umgeben ist; Roman Judäa heißt Palästina; Auch das verheißene Land genannt [nach dem biblischen Versprechen des Landes zu Abraham und seinen Nachkommen]; Manchmal auch das heilige Land genannt.

ERSTE TEMPELZEIT - 1006-586 v.Chr.

EZRAT NASHIM - Separater Gebetsbereich für Frauen. Der ursprüngliche ezrat nashim befand sich im östlichen sektor des hl.

FASTEN UND SCHNELLE TAGE - in der jüdischen Tradition sind eine religiöse Disziplin mit der Enthaltung von Nahrung, Getränk und körperlichen Freuden für die Zwecke der intensivierenden spirituellen Erfahrung in Sühne für Sünde. Das Fasten findet statt, wenn es um nationale Tragödien oder als Teil einer persönlichen Petition an Gott geht, wenn er seine Hilfe sucht.

FESTE UND *JOM TOV'S* - "Jom tov" bedeutet wörtlich "einen guten Tag". Biblisches Gesetz ordiniert sieben Festtage, an denen die Arbeit verboten ist - *RoschhaShana, Jom Kippur, Sukkot, Shemini Atseret,* der erste und letzte Tag von *Pessach* und *Shavuot.*

GALUT - (Golus) lit. Exil - bezieht sich auf die (vier) Exilanten des jüdischen Volkes aus dem Land Israel.

GARTEL - (Jiddisch, Gürtel, Deutsch, Gürtel), ist ein Gürtel, der von Chassidim während des Gebets getragen wird.

GEMARAH - (Gemorah) bedeutet "zu vervollständigen" und ist Teil des Talmuds. Die Begriffe *Gemarah* und Talmud beziehen sich in der Regel auf die babylonischen Versionen.

GENIZAH - ein Abstellraum für abgenutzte und beschädigte heilige Manuskripte und Bücher sowie rituelle Gegenstände wie *Tefillin* oder *Mezuzot.* Durch jüdisches Gesetz können solche Gegenstände nicht als Müll geworfen werden, sondern müssen in ehrerbietiger Weise entsorgt werden Das bedeutet in der Regel, die Gegenstände auf dem örtlichen jüdischen Friedhof zu begraben. Bis dies geschieht, haben viele Synagogen eine Truhe oder einen Raum, den sie als *Genizah* verwenden, was buchstäblich "Speicher" bedeutet.

HACHEL - Gewohnheit, die auf der vorgeschriebenen Praxis basiert, alle jüdischen Männer, Frauen und Kinder zusammenzubringen, um die Lesung der *Tora* durch den König von Israel einmal alle sieben Jahre zu hören.

HAFDALAH - Zeremonie, die das Ende des *Sabbats* und der Feiertage markiert; Es führt am Anfang der neuen Woche ein.

HAFTARAH - (Lit. Schlussfolgerung) Eine Lesung von den Propheten, lese zusammen mit dem wöchentlichen *Tora*-Teil.

HAGADDA - jüdischer Text, der den Befehl des Passah Seder vorstellt. Das Lesen der *Haggada* am Seder-Tisch ist eine Erfüllung des Gebotes an jeden Juden, um "deinem Sohn" von der jüdischen Befreiung von der Sklaverei in Ägypten zu erzählen. (Exodus 13: 8).

HAKAFFOT - (z.B. "im Kreise herumlaufen") die siebenfache Tanzprozession, die mit den *Tora*-Rollen im Urlaub von *Simchat Tora* gemacht wurde.

HALACHA - Jüdisches Recht und Jurisprudenz, basierend auf dem Talmud.

HALLEL - Ein Teil des Dienstes für bestimmte jüdische Feste; (Psalmen 113-118)

HAZKARAH - letzte Gedenkfeier der ersten zwölf Monate Trauer.

HEFKER - sämtliche Früchte, die aus eigenem Antrieb wachsen, gelten als besitzlos und können von jedermann abgeholt werden.

HECHAL - Arche, in der die *Tora*-Schriftrollen gehalten werden.

HOHE HEILIGE TAGE - (*Jamim Noraim* - "Tage der Ehrfurcht") sind *RoschHashana* (Jüdisches Neujahr) und *Jom Kippur*.

HOSHANA RABAH - Siebter Tag des jüdischen Feiertags von *Sukkot*, 21. Tag von *Tishrei*.

ISRU CHAG - (lit. "Binden Sie das Fest ein") am Tag nach *Pessach, Shavuot* und *Sukkot*.

IYAR - der achte Monat des Bürgerjahres; Der zweite Monat des kirchlichen Jahres. Normalerweise im April und Mai.

JAD - Zeiger verwendet, um den Text von einer *Tora*-Schriftrolle zu folgen.

JAMIM NORA'IM - Hochheilige Tage; Tage der Ehrfurcht; Zeitraum zwischen *Rosch haShana* und *Jom Kippur*.

JOM KIPPUR - Tag der Sühne, der heiligste und feierlichste Tag des Jahres für die Juden. Zentrale Themen: Sühne und Buße.

JOM TOV - (Lit. "guter Tag") Jüdischer Feiertag oder Fest ist ein Tag oder eine Reihe von Tagen, die von Juden als heiliges oder weltliches Gedenken an ein wichtiges Ereignis beobachtet wurden.

KABBALAH - Die uralte jüdische Tradition der mystischen Interpretation der Bibel, die zuerst mündlich übertragen und esoterische Methoden verwendet wird.

KABBALAT PANIM - (lit. "Gruß der Gesichter") ist der Eröffnungsempfang einer Hochzeit.

KABBALAT SABBAT - (lit. Aufnahme des Sabbat), ein mystisches Ritual, das entworfen wurde, um den Sabbat zu begrüßen.

KADDISH - (Lit. Heiligung) ist ein aramäisches Gebet des Lobes an Gott. Ein Gebet in der Synagoge und rezitiert von Trauernden.

KALLAH - Jüdische Braut

KETUBAH - Ehevertrag zwischen einem Ehemann und einer Frau, die vor einer jüdischen Hochzeit unterzeichnet wurde.

KERIAH - die Praxis, ein Kleidungsstück zu zerreißen oder zu schneiden oder symbolisch ein geschnittenes schwarzes Band über dem Herzen zu tragen, als Zeichen der Trauer.

KETUVIM - (Schriften) Poetische Bücher: Psalmen, Sprichwörter, Beruf; Fünf *Megillot*: Lied der Lieder, Ruth, Lamentations, Ecclesiastes, Esther; Andere: Daniel, Esra - Nehemiah, Chroniken

KEVURAH - jüdisches Begräbnis.

KIDDUSH - (lit. Heiligung) ein Segen über Wein (oder Traubensaft) rezitiert, um den *Sabbat*, jüdischen Feiertagen oder besondere Ereignisse zu heiligen.

KIDDUSH LEVANAH - Heiligung des Neumondes (*RoschChodesh*).

KISLEV - Dritter Monat des Zivil- und Neunten des religiösen Jahres. Normalerweise im November und Dezember.

KITTEL (Jiddisch) - ein weißes Gewand von Ashkenazim bei besonderen Anlässen (*Jom Kippur, RoschhaShana* und während des Passah Seder). Orthodoxe Männer tragen ein *Kittel* an ihrem Hochzeitstag und dienen auch als Grabhülle für Männer. Weil Jesaja 1:18 sagt: *"Unsere Sünden sollen so weiß wie Schnee gemacht werden"*, ein Kittel ist immer weiß.

KOL NIDREI - sowohl das Eröffnungsgebet als auch der Name für den Abenddienst, der *Jom Kippur* beginnt.

KOSHER / KASHER - passend oder richtig im Kontext von Lebensmitteln, die nach dem traditionellen jüdischen Gesetz gegessen werden können Das Schwein ist das bemerkenswerteste Symbol des nicht-koscheren Tieres geworden.

LAG BAOMER - Dreißigster Tag in der Zeit der Zählung des *Omer* ("*Lag*" = 33), entsprechend dem 18. Tag von *Iyyar.*

LULAV - Vier Arten (Sukkot) zusammen.

MACHZOR - das Gebetsbuch von Juden auf den hohen Feiertagen von *Rosch Haschana* und *Jom Kippur* verwendet.

MAFTIR - die letzte Person, die zur *Tora* am *Sabbat* und Feiertag morgens angerufen wurde: diese Person liest auch den *Haftarah*-Teil.
MAPPAH - siehe *Wimpel*

MATZE - ungesäuertes Brot, das traditionell von Juden während des einwöchigen Urlaubs von *Pessach* gegessen wurde.

MENORAH - ein sieben-verzweigter Lampenständer, der im alten Tabernakel in der Wüste und dem Tempel in Jerusalem verwendet wird

MESUSA - Ein Pergament, das mit religiösen Texten eingeschrieben ist und in einem Fall an den Türpfosten eines jüdischen Hauses als Zeichen des Glaubens angeschlossen ist.

MIKVEH (Mikvah) ein Bad zum Zweck des rituellen Eintauchens. Lit. "eine Sammlung von Wasser".

MA'ARIV - Abendgebet.

MECHITSAH - (Halachic) Partition, verwendet, um Männer und Frauen zu trennen.

MEGILLAH - Eines von fünf Büchern der hebräischen Schriften (das Lied von Salomo, Ruth, Lamentations, Ecclesiastes und Esther).

MIDRASH - eine Methode der Exegese eines biblischen Textes, kann aber auch eine Zusammenstellung von Lehren und Kommentaren zum Tenach sein.

MINCHAH - Nachmittagsgebete

MINJAN - (lit. zählen, nummerieren) Quorum von zehn jüdischen Männern, die für Gebetsdienste benötigt werden.

MISHLOACH MANOT - Geschenkkorb mit Süßigkeiten und Wein bei *Purim.*

MISHNAH - Die hebräische Wurzel des Wortes bedeutet "wiederholen", und bezieht sich auf das Auswendiglernen durch Wiederholung. Mischna kann sich auf die Tradition der Oral-*Tora* beziehen, die in den ersten Jahrhunderten AD formuliert wurde.

MITZWA - eine gute (gemeinnützige) Tat, die aus religiöser Pflicht herausgeführt wird, oder ein Gebot oder Gebot des jüdischen Gesetzes.

MOHEL - eine jüdische Person, die in der Praxis eines *Brit Mila* (Beschneidung) ausgebildet wurde.

MUSAF - ein zusätzlicher Gottesdienst, der auf dem *Sabbat, Jom Tov, Chol Hamoed* und *RoschChodesh* rezitiert wird

NE'ILAH - der letzte der fünf Dienste am Tag der Sühne.

NER ZIKARON - Gedenkkerze, die 24 Stunden brennt.

NEVI'IM - Bibelbücher (O.T): Josua, Die Richter, Samuel, Könige, Jesaja, Jeremia, Hesekiel; Hosea, Joel, Amos, Jonas, Obadja, Micha, Nahum, Habakuk, Zephanja, Haggai, Sacharja, Maleachi.

NIDDAH - eine Frau, die menstruiert oder menstruiert ist und immer noch "unrein" wahrgenommen wird, bis sie beim *mikveh* war.

NISAN - Siebter Monat des Zivil- und ersten des religiösen Jahres, in der Regel März und April.

OMER - Eine alte hebräische Trockenmasse, der zehnte Teil eines Ephas oder eine Garbe von Getreide oder *Omer* von Getreide als Angebot am zweiten Tag des Passahs präsentiert.

ORALES RECHT - ein rechtlicher Kommentar zur *Tora* (geschriebenes Gesetz), der erklärt, wie seine Gebote durchgeführt werden sollen.

ORTHODOX - Jude, der die strikte Einhaltung des mosaischen Gesetzes praktiziert.

PILGRIM FESTE - bekannt als *Shalosh Regalim* sind drei große Fests im Judentum - *Pessach* (Passah), *Shavuot* (Wochen) und *Sukkot* (Laubhüttenfest)

PURIM - kleineres jüdisches Fest im Frühjahr (am 14. oder 15. Tag von *Adar*) zum Gedenken an die Niederlage von Hamans Handlung, um die Juden zu massakrieren.

RA'ASHAN - gregger, verwendet, um Lärm zu machen, während in der Synagoge der Name "Haman" gelesen wird.

RABBI - Jüdischer Gelehrter oder Lehrer, besonders Einer, der das jüdische Gesetz studiert oder lehrt. Oder eine Person, die als jüdischer religiöser Führer ernannt wurde.

REFORM - liberaler Jude, der versucht, alle Aspekte des Judentums an moderne Umstände anzupassen

ROSCH HASCHANA - Jüdisches Neujahr. Es fällt einmal im Jahr während des Monats von *Tishrei* und tritt zehn Tage vor *Jom Kippur* auf.

ROSCH CHODESH - der Beginn eines jeden Monats im jüdischen Kalender; Gekennzeichnet durch eine besondere Liturgie.

SAGE - weise, alter Mann, spiritueller Lehrer, religiöser Führer, oft väterliche Figur.

SANDEK - Man geehrt, das Baby während seiner Beschneidung zu halten.

SANHEDRIN - (zusammen "sitzend", also "Versammlung" oder "Rat") in Bibelzeiten, eine Versammlung von dreiundzwanzig Richter, die in jeder Stadt im Land Israel ernannt wurden. Gegenwärtig, der höchste Gerichtshof und der oberste Rat im alten Jerusalem.

ZWEITER TEMPELZEIT - Die jüdische Geschichte in Judäa dauerte zwischen 530 v.Chr. Und 70 n.Chr., Als der Zweite Tempel von Jerusalem von den Römern zerstört wurde.

SEDER - Jüdischer Ritualdienst und Zeremonielles Abendessen für die erste Nacht oder die ersten zwei Nächte des *Pessachens.*

SEGULA - eine Art Talisman (wie die kabbalistische rote Schnur), um das Unglück gegen den "bösen Blick" abzuwehren.

SEFER TORA - "Buch von *Tora"* oder "*Tora* Rolle (n)") - eine handschriftliche Kopie der *Tora* oder Pentateuch.

SEPHARDI (M) - allgemeiner Begriff, der sich auf die Nachkommen der spanisch-portugiesischen Juden bezieht, die auf der Iberischen Halbinsel lebten, bevor sie im Jahre 1492 vertrieben wurden. Auch ein Stil der Liturgie.

SEPTUAGINT - (oder "LXX" oder "Griechisches Altes Testament") ist eine Übersetzung der hebräischen Bibel und einige verwandte Texte ins Griechische, begonnen im späten 3. Jahrhundert v.Chr.

SEVIVON - Dreidel -*Chanukka* Spielzeug

SABBAT HAGADOL - Sabbat vor Pessach.

SHACHARIT - ist der tägliche Morgen Tefillah (Gebet) des jüdischen Volkes, eines der dreimal gibt es jedes Tag Gebet.

SHADCHAN - Matchmaker. Auch ein Hefter auf Hebräisch.

SHAMASH - 9. Kerze in der *Chanukiah,* verwendet, um die anderen 8 Kerzen anzünden.

SHAVUOT - das Fest der Wochen, ist das zweite der drei großen Fests mit historischer und landwirtschaftlicher Bedeutung (die beiden anderen sind *Pessach* und *Sukkot.*

SHECHITAH - koschere Schlachtung von Tieren, durchgeführt von einem Profi namens *Shochet.* Diese Form der Schlachtung bemüht sich, die Schmerzen des Tieres zu minimieren.

SHEKINAH - Der Ruhm der göttlichen Gegenwart, konventionell als Licht dargestellt.

SHEMA - Ein hebräischer Text, der aus drei Passagen aus dem Pentateuch besteht und beginnt "Hören Sie, Israel, der Herr ist unser Gott, der Herr ist einer."

SHEMINI ATZERET - "der achte [Tag] der Versammlung"; Gefeiert am 22. Tag des hebräischen Monats *Tishrei.*

SHMITAH - Sabbatisches Jahr.

SHEMIRAT NEGIAH - *Halacha* - verbotener oder eingeschränkter körperlicher Kontakt mit einem Mitglied des anderen Geschlechts.

SEUDAT HAVRA'AH - Die erste Mahlzeit, die von den Trauernden gegessen wird, wenn sie von der Beerdigung nach Hause zurückkehren; Das Essen der Erholung oder Beileid.

SHEVA BRACHOT (sieben Segen) - rezitierte beide unter der *Chuppa* und am Ende des Hochzeitsessens. Auch der Name der sieben Einladungen, die die Neuvermählten empfangen, um mit Freunden zu Abend zu essen.

SHEVAT - der fünfte Monat des Bürgerjahres und der elfte Monat des kirchlichen Jahres auf dem hebräischen Kalender. Normalerweise Januar-Februar.

SHIDDUCH - matchmaking, das zur Ehe führt.

SHIVA - Sieben Trauertage nach der Beerdigung.

SHLOSHIM - Ende der 30 Tage Trauerzeit.

SHOFAR - ein Instrument aus dem Horn eines Widders oder eines anderen koscheren Tieres. Es wurde im alten Israel benutzt, um den *Rosch Chodesh* (New Moon) anzukündigen und Leute zusammen zu rufen. Es wurde auch auf *Rosch Haschana,* das jüdische Neujahr, geblasen. Verbunden mit der Bindung von Isaak (Genesis 22), in der Abraham einen Widder anstelle seines Sohnes Isaak opfert.

SHOMER - jüdischer Erziehungsberechtigter, der mit der Sorgerecht und Sorge einer anderen Person betraut wurde.

SHULCHAN ARUCH - (lit. "Set Table") auch bekannt als der Code of Jewish Law - die maßgeblichste Gesetzgebung des (sephardischen) Judentums. Zusammengestellt in Safed im Jahre 1563, wurde es zwei Jahre später in Venedig, Italien veröffentlicht.

SIDDUR - Jüdisches Gebetbuch, das eine festgelegte Ordnung der täglichen Gebete enthält.

SIMCHAT TORA - markiert den Abschluss des jährlichen *Tora*-Lesezyklus und ist einer der fröhlichsten Ferien auf dem jüdischen Kalender.

SIVAN - Drittel der zwölf Monate des jüdischen Kalenders. Der Monat, in dem Gott auf den Berg stieg. Sinai und gab die Tora dem jüdischen Volk.

SIYUM - die Vollendung einer Einheit der *Tora*-Studie oder Buch der Mischna oder Talmud.

SUFGANIAH - (Grütze) gefüllte Krapfen, die während *Chanukka* gegessen wurden.

SUKKAH - Stand während des Laubhüttenfestes.

SUKKOT - Laubhüttenfest - Drittes Pilgerfest.

TALLIT - Jüdischer Gebetsschal, der traditionell aus Wolle gefertigt ist, während der Morgengebete über die Außenkleidung getragen wird. An den vier Ecken befestigt sind *Tzitzit,* spezielle Zwillings- und geknotete Fransen.

TALLIT KATAN - eine gefranste Unterwäsche, die von orthodoxen, chassidischen und einigen konservativen jüdischen Männern getragen wird.

TALMUD eine Aufzeichnung von rabbinischen Diskussionen im Zusammenhang mit dem jüdischen Gesetz, Ethik, Sitten und Gebräuche. Es enthält zwei Teile: *Mischna* (200 n.Chr.) - mündliches Gesetz und *Gemarah* (500 n.Chr.) - weitere Diskussion, weitgehend auf dem *Tenach*.

TAMMUZ - 4. Monat des jüdischen Kalenders.

TARGUM - Eine alte aramäische Paraphrase oder Interpretation der hebräischen Bibel

TASHLICH - Zeremonie am ersten Tag von *Rosch Haschana*. Menschen werfen symbolisch ihre Sünden ins Wasser eines Sees, Flusses oder im Meer.

TENA'IM - Verlobungsdokumente ähnlich einem Verpflichtungsvertrag, vereinbart und unterzeichnet von zwei Vertretern.

TEFILLIN - zwei kleine schwarze Kisten mit schwarzen Riemen an ihnen befestigt; Jüdische Männer sind verpflichtet, einen Kasten auf den Kopf zu legen und den anderen auf den Arm zu binden.

TENACH - eine Abkürzung von *Tora, Nevi'im* - (Propheten) und *Ketuvim* (Schriften).

TEVET - das zehnte in der Anzahl der Monate, die von Nisan zählen. Der Name wurde in Babylonien erworben.

TISHA BE'AV - ein jüdischer Trauertag - und ein Fasten Tag - er erinnert an die Zerstörung der beiden Tempel.

TISHRI - (oder *Tishrei*) erster Monat des Ziviljahres (der auf 1 *Tishrei* beginnt) und der siebte Monat des kirchlichen Jahres (der auf 1 *Nisan* beginnt).
TORA - erste fünf Bücher der *Tenach* (hebräische Bibel) oder das Alte Testament.

TOSAFOT - mittelalterliche Kommentare zum Talmud

TOSEFTA - (Lit. Ergänzungen, Ergänzungen) eine Zusammenstellung des jüdischen mündlichen Gesetzes aus der Zeit der Mischna.

TZADDIK - ein Titel für Persönlichkeiten, die in jüdischer Tradition als gerecht gelten.

TZEDAKAH - Wohltätiges Geben, typischerweise als moralische Verpflichtung gesehen.

TSITSIT - speziell geknüpfte Ritualfransen von aufmerksamen Juden getragen. An den vier Ecken des Tallits (Gebetsschal) und Tallit Katan befestigt.

TZENIUT - bescheidenes Verhalten zwischen unverheirateten / nicht verwandten Männern und Frauen.

TU BE'SHVAT - kleiner jüdischer Feiertag, der am 15. Tag des hebräischen Monats von *Shevat* auftritt.

UPSHERIN - Zeremonie zum Schneiden der Haare von 3-jährigen jüdischen Jungen bei *Lag Ba'Omer*.

USHPEZIN - (aramäisch für "Gäste") sieben mystische Gäste, die die *Sukkah* während *Sukkot* besuchen: Abraham, Isaak, Jakob, Joseph, Moses, Aaron und David. Es wurde üblich, einen bedürftigen *Yeshiva*-Schüler einzuladen, um an der Spitze des Tisches zu sitzen, um für den besonderen *Ushpezin*-Gast des Abends zu vertreten. Diese Sitte wird weiterhin von vielen ultra-orthodoxen und chassidischen Juden praktiziert.

WIMPEL - eine lange Leinenschärpe, die deutsche Juden als Deckung für die *Sefer Tora* benutzten. Es wurde aus dem Tuch gemacht, um ein Baby an seinem *Brit Mila* zu taumeln.

YESHIVA - (sitzend) eine jüdische Bildungseinrichtung, die sich auf das Studium der traditionellen religiösen Texte konzentriert, vor allem die Talmud- und *Tora*-Studie.

YICHUD - Ritual während der Hochzeit, in der das neu verheiratete Paar einen Zeitraum verbringt, der in einem Raum allein abgelegen ist. In der Talmudischen Ära würde die Ehe zu dieser Zeit vollzogen werden, aber diese Praxis ist nicht mehr aktuell. Der Begriff bedeutet auch die Unzulässigkeit der Abgeschiedenheit eines nicht verwandten Mannes und einer Frau in einem privaten Bereich.

YOVEL - Das Jubiläumsjahr ist das Jahr am Ende von sieben Zyklen der Sabbatischen Jahre (*Shmita*)

Jerusalem segnen - von Januar bis Dezember

Gottes Wort spricht sehr deutlich: Um selbst Segen zu empfangen, müssen wir zuerst segnen. „Jerusalem segnen von Januar bis Dezember - Gebetsimpulse für das ganze Jahr" ist ein Buch, das geschrieben wurde, um die Hauptstadt Israels — Jerusalem — auf ganz praktische und konkrete Weise im Gebet zu segnen. Nicht, indem wir unsere eigenen Worte benutzen, sondern indem wir die Worte der Bibel proklamieren, die der Schlachter 2000 und der Schlachter 1951 Bibel entnommen sind. Und wenn es Ihnen persönlich nicht möglich ist, nach Jerusalem zu kommen, können Sie dieses Buch auch zu Hause benutzen, um für die Stadt des Großen Königs zu beten und sie zu segnen.

ISBN 978-965-7542-03-3
100 seiten - Paperback

www.lulu.com

9 789657 542552